HOCHHEIM AM MAIN

LEBENDIG · VIELSEITIG · LIEBENSWERT

Impressum

Hochheim am Main – lebendig · vielseitig · liebenswert
Iris Schmitz, Annette Zwaack

Markgrafenstraße 12, 60487 Frankfurt am Main

Weitere Titel des B3 Verlages unter www.bedrei.de

Fotos: Iris Schmitz
Texte: Annette Zwaack
Artwork, Satz und Umschlag: 2sinn Agentur für Kunst und Werbung, Königstein, www.2sinn.com
Übersetzungen: Inge Franck, Hofheim
Druck & Bindung: W.B. Druckerei, Hochheim am Main

ISBN 978-3-938783-46-7

Inhalt

Vorwort

„Wohnen Sie in dem Ort mit der malerischen Kirche über den Weinbergen?", werden wir als Hochheimer oft von Fremden gefragt. Auf diese schöne Ansicht sind wir besonders stolz. Das Bild war immer beliebtes Sujet für Landschaftsmaler, kaum ein alter Stich, der nicht diese pittoreske Seite von Hochheim wiedergibt.

„Hochheimer Wein, Perle vom Main ..." klingt es im Hochheimer Lied. Es ist eine Liebeserklärung an den Wein, der nicht nur bei Kennern einen guten Namen hat.

„Ich komme jedes Jahr zum Hochheimer Markt!", erklärt begeistert eine Besucherin. Dieses Fest im November ist für Menschen in Hochheim ein besonderes Ereignis und durch seine Attraktionen über die Grenzen der Stadt weithin bekannt.

Das sind nur drei Highlights. Aber es gibt noch viel mehr zu entdecken. Sind Sie neugierig? Dann kommen Sie doch herein, schauen Sie sich um. Sie sind eingeladen zu einem Spaziergang durch das malerische Hochheim.

Zwischen zwei Buchdeckeln verbergen sich Bilder einer liebenswerten und lebendigen Stadt.

Den vorliegenden Band verdanken wir der Initiative von Annemarie Schneider, Mitinhaberin der Buchhandlung Eulenspiegel. Schon seit einigen Jahren schwebte ihr die Idee eines neuen Hochheimer Bildbandes vor. Mit dem regionalen B3-Verlag war dann der richtige Partner gefunden.

Die Fotografin Iris Schmitz war mit ihrer Kamera unterwegs, um Stadtansichten und Gebäude zu fotografieren, Veranstaltungen und besondere Feste im Jahresablauf zu dokumentieren, Menschen und ihr Leben „einzufangen", damit aus vielen Facetten ein abgerundetes Bild entstehen kann.

Erklärende und deutende Texte erstellte die Journalistin Annette Zwaack, Redakteurin der ortsansässigen Hochheimer Zeitung.

Wir wünschen Ihnen Freude auf der Bilderreise durch unsere zauberhafte Stadt Hochheim am Main!

Foreword

Visitors often ask us: „Do you live in that place with the picturesque church overlooking the vineyards?" Yes, we are really proud of this magnificent view and it has always been a popular subject for landscape painters. There is hardly an old engraving that does not show this side of Hochheim.

„Hochheim's wine – pearl of the Main" say the lyrics of a Hochheim song. It is a declaration of love to its wine that is not only appreciated by connoisseurs.

„Every year I come to the Hochheim market" says one enthusiastic visitor. This festival is celebrated every year in November. It is a very special event for the people in Hochheim and one of its attractions that also appeals to people far beyond its boundaries.

These are only three of its highlights. There are many more to discover. Have you become curious? Than come and look for yourself. We invite you to a leisurely walk through beautiful Hochheim.

Within the covers of this book, you will find stunning pictures of an endearing and lively town.

This book has come about thanks to the initiative of Annemarie Schneider, co-owner of the bookshop Eulenspiegel in Hochheim. For quite a number of years she has had an illustrated book on Hochheim in mind. And with B3-Verlag she has found the right partner for her project.

Photographer Iris Schmitz has rediscovered Hochheim's views and buildings with her camera, she has documented its seasonal events and festivals and captured its people and their lives, thus composing a complete picture of all these components.

The narrative was written by the journalist Annette Zwaack, who is also editor of the local newspaper, Hochheimer Zeitung.

We wish you an entertaining and pleasurable trip through our charming town of Hochheim am Main!

Préface

Une question souvent posée par les étrangers aux habitants de Hochheim: „Habitez-vous dans la ville avec l'église pittoresque dominant les vignes?". Nous sommes spécialement fiers de cette belle vue. Elle était toujours un des sujets préférés des peintres de paysages, presque toutes les gravures anciennes montrent ce côté pittoresque de Hochheim.

„Le vin de Hochheim, la perle du Main …" ce sont les paroles de la chanson de Hochheim. C'est une déclaration d'amour adressée au vin, beaucoup apprécié, non seulement par les connaisseurs.

„Chaque année je visite le marché de Hochheim!" nous déclare une dame avec enthousiasme. Cette fête du mois de novembre est un évènement particulier pour les habitants de Hochheim, mais également bien connue au-delà des frontières de la ville.

Ce ne sont que trois moments… mais beaucoup plus est à découvrir.

Vous êtes curieux? Entrez et explorez ce lieu charmant, nous vous invitons à faire une promenade dans la ville pittoresque de Hochheim.

Entre les couvertures de ce livre se cachent les images d'une ville aimable et vivante.

Nous devons ce livre à l'initiaitve de Annemarie Schneider, co-propriétaire de la librairie Eulenspiegel. Depuis quelques années déjà, elle était fascinée par l'idée d'un livre illustré sur Hochheim. Avec la maison d'édition régionale B3, elle a trouvé le partenaire idéal pour réaliser ce projet.

La photographe Iris Schmitz s'est promenée avec sa caméra pour photographier des vues de la ville et ses bâtiments, pour documenter des manifestations et fêtes spéciales au cours de l'année, „capter" des impressions des gens et de leur vie et montrer ainsi une image complète composée de multiples facettes.

La journaliste Annette Zwaack, rédactrice du journal local Hochheimer Zeitung, a écrit les textes d'explication et d'interprétation.

Nous vous souhaitons beaucoup de plaisir lors de votre voyage à travers les images de notre ville fascinante Hochheim-sur-le-Main!

Hochheims Geschichte

Im Dunkel der Geschichte taucht der Name Hochheim zum ersten Mal im Jahr 754 auf. In den Aufzeichnungen des Mönchs Eigil über das Leben des hl. Sturmius wird über den Leichenzug des hl. Bonifatius von Mainz nach Fulda berichtet und Hochheim am Main erwähnt – dort musste der Zug eine Rast einlegen. Allerdings weisen Bodenfunde darauf hin, dass die Gegend schon früher besiedelt war: So fand man Reste einer Siedlung aus der Linienbandkeramikzeit (5500–4900 v. Chr.) in Massenheim; Überreste einer Siedlungsstelle der Stichbandkeramikzeit (4900–4600 v. Chr.) und Funde aus der Rössener Kultur (4600–4300 v. Chr.). In Brandgräbern aus der Bronzezeit (ca 1259–800 v. Chr.) wurden keramische Gefäße und Waffen freigelegt. Die Kelten hinterließen ihre Spuren – ein Kalenderberggefäß aus der Hallstattzeit (500 v. Chr.) und einen Bronzespiegel (4. Jhdt. v. Chr.), der wohl spektakulärste Fund.

Auf ihren Eroberungswegen kamen die Römer nach Mainz und richteten sich dauerhaft ein. Brücken über den Rhein wurden gebaut und das jenseitige Land besiedelt. In der Gemarkung Hochheim finden sich Überreste sowohl militärischer Anlagen als auch landwirtschaftlicher Gehöfte in großer Anzahl. Nachdem die Römer von den Alemannen im 4. Jhdt. n. Chr. hinter die Rheingrenze vertrieben wurden, siedelten erst sie und mit Beginn des 7. Jahrhunderts die Franken in der Mainebene. Gräberfunde sowohl im Ort als auch in der Nähe des Mains lassen Rückschlüsse auf fränkische Siedlungen zu, wobei die Endsilbe -heim im Namen „Hochheim“ darauf hindeutet.

Hochheim gehört um die erste Jahrtausendwende zum Fernbesitz des Kölner Domkapitels. Bekannt ist eine Urkunde aus dem Jahr 1273, dass Hochheim („Dorf mit Hof samt Leuten, Rechten etc.“) für 1150 Aachener Mark an das Domkapitel Mainz verkauft wurde. Im späten Mittelalter ist eine ganze Reihe von geistlichen Institutionen in Hochheim mit Gütern vertreten, beispielsweise die Stifte St. Stephan, St. Peter, das Kloster Altmünster, Malteser- und Deutschordenskommende (alle in Mainz), Kloster Tiefenthal und Kloster Eberbach im Rheingau.

Urkundlich ist umfangreicher Weinanbau zwar erst 1329 für Hochheim nachgewiesen (für Massenheim im Jahr 817), doch man darf annehmen, dass bereits die Römer den Weinanbau in diese Gegend brachten. Im 15. Jahrhundert war die Weinbergsfläche viel umfangreicher, sie erstreckte sich auch im Norden und Nordosten Hochheims.

Eng mit dem Namen Hochheim verbunden ist das Marktgeschehen. 1413 wird der Markt zum ersten Mal urkundlich erwähnt, 1484 bekommt der Ort das Marktrecht.

Bild 1: Der Bronzespiegel wurde 1932 bei Rodungsarbeiten in einem Weinberg südöstlich der Stadt im Distrikt Falkenberg gefunden. Lediglich vier weitere Spiegelfunde aus dieser Zeit sind in Europa bekannt.

Bild 2: 1987 wurden in der Nähe des Bahnhofs bei Bauarbeiten Frankengräber entdeckt. Mitarbeiter des Landesamtes für Denkmalpflege fanden Skelettteile und Grabbeigaben eines fränkischen Kriegers (6.–7. Jhdt.).

1737 werden vom Mainzer Domkapitel zwei weitere Märkte angeordnet. Damit wird eine Tradition begründet, die bis heute Einfluss auf das Leben in Hochheim hat. Vor den Stadttoren fanden Märkte statt, Menschen trieben Handel und tauschten ihre Güter, heute ist der Hochheimer Markt zwar auch noch landwirtschaftlicher Markt und Ausstellungsgelände, aber vor allem Volksvergnügen.

Während des Dreißigjährigen Krieges kommen verschiedene Besatzungstruppen in das Städtchen oberhalb des Mains. Die Hochheimer müssen Fron- und Schanzarbeiten für spanische Truppen verrichten, auch von der Einquartierung kaiserlicher Söldner wird berichtet. 1631 fallen die Schweden in Hochheim ein und bleiben bis 1635. Vor der Besatzung durch die Schweden zählt Hochheim ca. 800 Einwohner.

Bereits 1608 wird erstmals von Juden in Hochheim berichtet, als der Ortsgeistliche Georg Urban gegen die Einwohner wettert, die „während des Gottesdienstes in des Juden Haus Branntwein tranken ...“ Es ist anzunehmen, dass Juden viel früher in Hochheim ansässig waren, vermutlich schon während des 12. und 13. Jahrhunderts. In dieser Zeit existierten bereits bedeutende jüdische Gemeinden in Mainz und Worms. In Kurmainz durften Juden – wie überall – keinen Grundbesitz erwerben, durften keinen Ackerbau betreiben, kein Handwerk ausüben, so waren ihre Tätigkeiten auf die der Geldwechsler, Kleinhändler und Hausierer beschränkt. Ausnahme in Hochheim: Viele wurden Viehhändler und betrieben die Schlächterei. Erst 1817 wurden die Konfessionsschulen aufgehoben, jüdische Kinder konnten die Elementarschulen besuchen. 1848 erhielten die Juden das Wahlrecht. Aber erst 1869 waren Juden völlig gleichberechtigt.

1666 wütet die Pest in Hochheim. Es sind große Verluste zu beklagen. Die Nachbargemeinde Flörsheim feiert seit diesem Jahr im August den Verlobten Tag als Dank dafür, dass die Stadt von der Pest verschont blieb.

1730 wird eine neue Kirche gebaut – auf den Grundmauern einer älteren, die während der Besatzungszeit des Dreißigjährigen Kriegs stark gelitten hatte, entsteht St. Peter und Paul. 1775 wird die Kirche innen ausgestaltet: Der Freskant Johann Baptist Enderle malt Szenen aus dem Leben der beiden Apostel Petrus und Paulus an die Decke.

Durch den Reichsdeputationshauptschluss 1803 werden Besitz und Besitzrechte von 22 Bistümern, 80 Abteien, 18 Universitäten und etwa 200 Klöstern in Deutschland den selbständigen Flächenstaaten übereignet und so die

Bild 3: Zeitgenössische Darstellung des Leichenzugs des hl. Bonifatius: Der Leichnam wurde per Schiff von Köln nach Mainz und über Hochheim – dann auf dem Landweg – nach Fulda gebracht.

Bild 4: Mit diesem Schild wird an das frühere jüdische Bethaus in der Rathausstraße 59 erinnert. Am 9. November 1938, in der Reichspogromnacht, wurde es zerstört und die letzten jüdischen Mitbürger aus der Stadt vertrieben.

deutschen katholischen Bistümer und Orden säkularisiert und die mittelalterliche Ordnung der Kirche beendet. Es endet die Herrschaft der Mainzer Kurfürsten und der kurmainzische Besitz nördlich des Mains wird dem Fürsten von Nassau-Usingen zugesprochen, der drei Jahre später zum Herzog erhoben wurde.

1832 produziert Ignatz Schweickardt seinen ersten Sekt. Die Herstellung hat der junge Hochheimer in Reims bei seinem Paten erlernt. Zusammen mit Johann Burgeff gründet er die Schaumweinfabrik zu Hochheim. Damit beginnt auch in Hochheim das Zeitalter der Industrialisierung.

Ein bedeutsames Ereignis trägt sich noch im Jahr 1845 zu: Auf einer Reise zu Verwandten nach Coburg besucht die englische Königin Victoria von Mainz kommend einen Weinberg in Hochheim, um sich über den Weinanbau unterrichten zu lassen. Später erlaubte sie dem Besitzer Pabstmann, den Weinberg nach ihr zu benennen, also Königin Victoria Berg. Von der S-Bahn-Strecke kann man das 8 Meter hohe Denkmal im englisch-gotischen Stil gut erkennen, das anlässlich des 25. Geburtstages der englischen Königin eingeweiht wurde.

Mit Riesenschritten geht es in die neue Zeit: 1890 gehört Hochheim zum Kreis Wiesbaden, 1892 wird ein neu erbautes Krankenhaus eingeweiht, 1894 ist der erweiterte Bau der evangelischen Kirche fertiggestellt. 1899 haben sich bereits zwei Ärzte niedergelassen. Der erste Kindergarten (Kleinkinderschule) wird 1900 eingeweiht. 1905 wird die elektrische Stromversorgung eingeführt.

Mit der Ermordung des österreichischen Thronfolgers beginnt 1914 der Erste Weltkrieg, von dem in Hochheim lediglich bekannt ist, dass nach dem Waffenstillstand am Ende 1918 französische Truppen in Hochheim einquartiert sind.

Bild 5: Blick auf Hochheim von Mainz her. Im Vordergrund die Villa Burgeff, erbaut im Jahr 1841. Johann Burgeff gründete 1835 zusammen mit Ignatz Schweickardt die erste Fabrik zur Herstellung von Schaumwein.

Nach Hitlers Machtergreifung 1933 verändert sich auch das Leben in Hochheim. Eigentlich hatte man das Auflösen der Parteien mit Gleichmut hingenommen, vermutlich war man sich der Tragweite des Geschehens – wie an vielen anderen Orten – nicht bewusst. 1933 wohnten 25 Juden in Hochheim. Immer mehr Juden emigrierten, die letzten jüdischen Einwohner werden nach der sogenannten Reichskristallnacht vertrieben und das jüdische Bethaus verwüstet.

1940 wird das Krankenhaus als Lazarett eingerichtet. Durch Bomben werden 1942 und 1944 Häuser zerstört.

1945 marschieren amerikanische Truppen in die Stadt ein. Im Zuge der Entnazifizierung wird im darauffolgenden Jahr Hans Wagner Bürgermeister. Nach und nach kehren die im Krieg verpflichteten Soldaten zurück, sofern sie nicht ihr Leben auf den Schlachtfeldern Europas verloren (138), vermisst wurden (115) oder in Kriegsgefangenschaft gerieten (125). Dringende Not herrscht, weil Flüchtlinge und Ausgebombte untergebracht werden müssen.

4800 Einwohner zählt Hochheim nach dem Krieg – 2000 Heimatvertriebene und Flüchtlinge suchen eine neue Heimat, und das bei den ohnehin beengten Wohnverhältnissen. Man rückt zusammen, nicht immer freiwillig. Mit viel Willen zum Neubeginn, Fleiß und Nachbarschaftshilfe entsteht 1958 die landwirtschaftliche Nebenerwerbssiedlung am Freiherr-vom-Stein-Ring, bereits 1956 wird die Wohnsiedlung Land Hessen bezogen.

Nach dem Krieg tritt schnell das normale Leben wieder ein. Jeder versucht, die Schrecken zu überwinden: Hochheimer Markt und Weinfest finden wieder statt.

Es entstehen neue Stadtviertel, immer mehr Menschen wissen die Wohnlage in Hochheim mitten im Rhein-Main-

Bild 6: Ansicht von Hochheim um 1845. Der Schiffsverkehr auf dem Main und der Zug auf der kurz vorher gebauten Eisenbahnstrecke sind Zeugnis für die Bedeutung der Handelswege.

Gebiet mit guten Verkehrsanbindungen zu schätzen. Die Einwohnerzahl steigt von 6274 im Jahr 1959 auf 9173 im Jahr 1965.

Industrie siedelt sich an, große und mittelständische Firmen, Dienstleistungs- und Handwerksbetriebe sind ein prägender Wirtschaftsfaktor. Viele Arbeitnehmer sind in den umliegenden Großstädten beschäftigt. Aus dem landwirtschaftlich geprägten Ort wird in der zweiten Hälfte des 20. Jahrhunderts eine moderne Stadt mit moderner Infrastruktur und einem gesellschaftlichen Leben, das von einem guten Miteinander geprägt ist. Man trifft sich in Vereinen, in der Kirche, beim Sport.

Die Schülerzahl der Weinbergschule steigt in den 1970er Jahren auf 1100, so wird 1972 mit der Einrichtung der heutigen Heinrich-von-Brentano-Schule begonnen, als Haupt- und Realschule mit Förderstufe. Die wachsende Einwohnerzahl bedingt den Bau einer weiteren Grundschule im Nordwesten – die Astrid-Lindgren-Schule wird 1995 eingeweiht.

Bild 7: In der Lebensbeschreibung des hl. Sturmius berichtet der Mönch Eigil auch über den Leichenzug des hl. Bonifatius und erwähnt darin das Dorf „Hohheim", das am Ufer des Flusses Main liegt ...

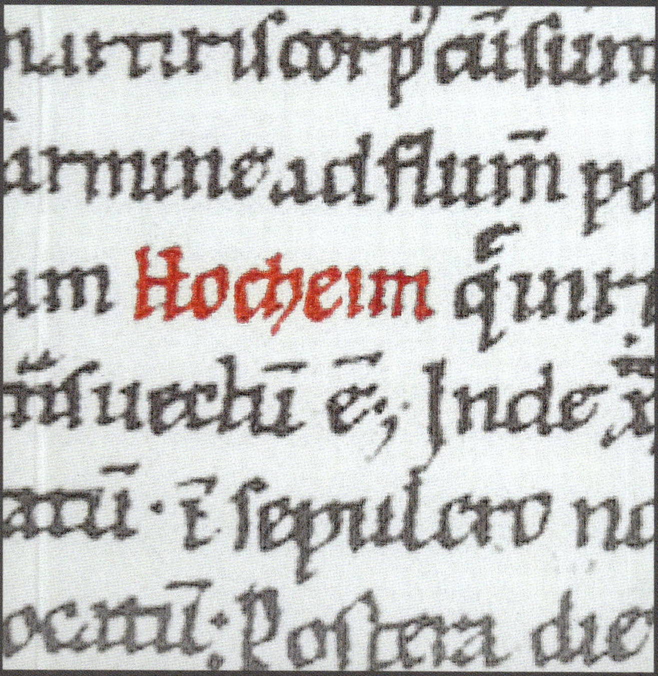

Zum Stadtbild gehören ganz selbstverständlich die körperbehinderten Schüler und Bewohner des Antoniushauses. Die Einrichtung wurde 1912 als Heim für behinderte Mädchen eröffnet. Heute gibt es 412 Plätze für Rehabilitanten in der Sonderschule, den Beruflichen Schulen, in den Internaten und im Erwachsenenwohnbereich.

Das Stadtbild verändert sich: In der Altstadt sind mittlerweile viele Häuser unter denkmalpflegerischen Gesichtspunkten renoviert, um- und ausgebaut worden. Die ehemalige Malzfabrik ist abgerissen, 1999 entsteht an diesem Ort, mitten in Hochheim, das Seniorenzentrum der EVIM (Evang. Verein für Innere Mission). In dem Gebäudekomplex wird ein Bürgerbüro errichtet, ebenso eine öffentliche Tiefgarage.

Im Jahr 2004 feiert Hochheim „1250 Jahre Ersterwähnung" mit vielen Veranstaltungen und einer Festwoche, deren Höhepunkt ein grandioser Festzug durch die ganze Stadt ist. Vereine, Parteien, Kindergärten, Jugendgruppen, Kirchen beteiligen sich und zeigen Verbundenheit mit ihrer Heimatstadt, einer Stadt, in der es sich gut leben lässt.

Bild 8: Fenster im ehemaligen Amtsgericht in der Kirchgasse, das 1911 erbaut wurde. Hier wirkte zu dieser Zeit Amtsgerichtsrat Otto Schwabe, der sich später als Heimatforscher einen Namen machte.

Bild 9: Blick auf Hochheim 1936

History of Hochheim

In the annals of history Hochheim's name first appears in the year 754. In his records about the life of Saint Sturm the monk Eigil reports on the funeral procession of Saint Boniface from Mainz to Fulda and mentions a place called Hochheim where the procession made a stop for rest.

There are however a number of archaeological finds indicating that the area was settled long before that time: there are remains of a settlement dating from the linear band pottery culture (5,500 to 4,900 BC) in Massenheim; remains of a settlement dating from the strokeornamented pottery culture (4,900 to 4,600 BC) and finds from the Rossen pottery culture (4,600 to 4,300 BC). In cremation graves from the Bronze Age (about 1,259 to 800 BC) ceramic jars and weapons were uncovered.

The Celts also left their traces – a Kalenderberg vessel from the Hallstatt period (500 BC) and a bronze mirror (fourth century BC) certainly represent the most spectacular finds.

In the course of their conquests the Romans arrived in Mainz and settled in permanently. They built bridges across the river Rhine and settled on the opposite bank of the river. Within the boundaries of Hochheim there are numerous remnants of military and agricultural facilities.

After the Alemanni had driven the Romans behind the border formed by the river Rhine in the fourth century AD, they settled in the plain of the river Main. They were followed in the seventh century by the Franks. Grave discoveries in the town and close to the river Main point towards Frankish settlements, as is also indicated by the suffix „heim" in the name „Hochheim".

At the turn of the first millennium, Hochheim was a remote possession of the cathedral chapter of Cologne. A deed from the year 1273 reveals that Hochheim („the village including its farmstead, people and rights etc.") was sold for 1150 Marks of Aix-la-Chapelle to the cathedral chapter of Mainz.

During the late Middle Ages, a number of spiritual institutions with their possessions were represented in Hochheim: the foundations of St. Stephan and St. Peter, the monastery of Altmuenster, the prebendaries of the orders of the Knights of Malta and the Deutschorden – all of them based in Mainz – the monastery of Tiefenthal and the monastery of Eberbach in the Rheingau.

Although extensive wine-growing in Hochheim was not documented until 1329 (as early as 817 for Massenheim), it is fair to assume that the Romans already introduced wine growing in the area. During the 15th century the wine-growing area was much larger than today, also including areas in the north and north-east of Hochheim.

The name of Hochheim is closely associated with market trading. Its market is first documented in 1413, and in 1484 Hochheim was granted market rights. In 1737 the chapter of Mainz cathedral established two additional markets, and with it a tradition that still has a major impact on the life of Hochheim. In front of the town gates of Hochheim people traded and exchanged goods. And although Hochheim's market is still a venue for agricultural trade and display, it is above all a great popular event.

During the Thirty Years' War various occupying forces entered the little town on the northern bank of the river Main. The population of Hochheim had to provide socage and knight services for the Spanish forces, and there are also references indicating that imperial mercenary troops were billeted in the town. In 1631 Swedish troops invaded Hochheim and stayed until 1635. Before the Swedish occupation Hochheim had a population of about 800.

The first mention of Jews in Hochheim dates back to 1608 describing the local priest Georg Urban railing against the local people who „during the time of mass are staying at the Jew's house drinking brandy...". Presumably Jews had lived in Hochheim long before that time, probably as far back as the 12th and 13th centuries. At that time there already existed large Jewish communities in Mainz and Worms.

As everywhere else, Jews in the Kurmainz territory of the Prince Bishops of Mainz were not allowed to buy or farm land or to carry out a craft, so that their activities were restricted to those of moneychangers, small retailers and peddlers. An exception in Hochheim: quite a few became cattle dealers and butchers.

It was not until 1817 that denominational schools were abolished, allowing Jewish children to attend the normal elementary schools. In 1848 the Jews were enfranchised but were granted full civil and equal rights only in 1869. In 1666 the plague raged in Hochheim causing severe losses. Ever since that time the neighbouring community of Floersheim has celebrated every year in August the Day of Promise as a token of gratitude for having been spared.

In 1730 a new church – St. Peter and Paul – was built on the foundation walls of an older church that had suffered a great deal during the occupation of the Thirty Years' War. In 1775 the interior decoration of the church was carried out: the fresco painter Johann Baptist Enderle decorated the ceiling of the church with painted scenes of the lives of the two apostles Peter and Paul.

As a result of the Supreme Resolution of the Imperial Delegation in 1803, the possessions and ownership rights of 22 dioceses, 80 abbeys, 18 universities and about 200 monasteries and convents in Germany were transferred to the independent territorial states. This meant the secularisation of the German Catholic dioceses and religious orders, and by the same token the end of the medieval order of the church. It also ended the rule of the prince electors of Mainz, and the possessions of Kurmainz located to the North of the river Main were transferred to the prince, later Duke, of Nassau-Usingen.

In 1832 Ignatz Schweickardt produced his first sparkling wine. He had spent some time with his godfather in Reims where he had learned the production of champagne. Together with Johann Burgeff he established the sparkling wine cellars of Hochheim, thus starting the era of industrialisation in Hochheim.

Another important event happened in 1845: on her trip to visit relatives in Coburg via Mainz, Queen Victoria of England visited a vineyard in Hochheim to learn more about wine growing. After her visit she gave the wine grower Pabstmann permission to name the vineyard after her, i.e. to call it Queen Victoria vineyard. When passing this area by rapid transit train one can easily see the eight meter high memorial in British gothic style that was inaugurated on the Queen's 25th birthday.

Modern times were approaching fast: in 1890 Hochheim was incorporated into the district of Wiesbaden, in 1892 a new hospital was opened, in 1894 the extension of the Protestant church was completed. By 1899 two physicians had already established their surgeries in Hochheim. The first kindergarten (infant school) was opened in 1900. In 1905 Hochheim obtained electric power.

The assassination of the Austrian successor to the throne in 1914 triggered the First World War. The only major event of that period in Hochheim was the occupation by French troops at the end of 1918 after the armistice.

After Hitler's seizure of power in 1933, life in Hochheim changed. The dissolution of the political parties in itself did not cause great concern, presumably because the people in Hochheim – like in many other places – did not realize what effect this would have in the long run. In 1933, 25 Jews lived in Hochheim. Most of them emigrated and the last remaining Jews were driven away by the progrom following the 'crystal night' of 9 November 1938, when their synagogue was devastated.

In 1940 the local hospital was transformed into a military hospital. In 1942 and 1944 bombs falling on Hochheim destroyed numerous houses. In 1945 US military forces entered the town. In the process of denazification Hans Wagner was appointed mayor in the following year. Gradually German soldiers returned home, apart from those who had lost their lives on Europe's battlefields (138), were reported missing (115) or had become PoWs (125). The population suffered great hardship and misery, also because a growing number of refugees and bombed-out persons had to be accommodated.

After the war Hochheim's population was 4,800 – plus 2,000 expellees and refugees seeking a place to stay although living conditions were already cramped. People moved in together – not always on voluntary terms. Thanks to a strong desire to make a new start, diligence and neighbourly help it was possible to develop in 1958 a part-time farming estate at Freiherr-vom-Stein-Ring and in 1956 people were already able to move into the housing development provided by the state of Hesse. After the war life quickly returned to normal. Everyone tried to forget and overcome the horrors of the war. The Hochheim Market and Wine Festival started again. New town districts developed, a growing number of people appreciated Hochheim's attractive location in the heart of the Rhein-Main area with its good traffic links. Hochheim's population increased from 6,274 in 1959 to 9,173 in 1965.

Industry came to Hochheim, large and medium-sized firms, service and trade businesses became a major economic factor. Many inhabitants worked in the neighbouring cities. During the second half of the 20th century the originally rural and agricultural town of Hochheim developed into a modern town with a good infrastructure and a rich social life. People met in clubs, church organisations and sports clubs.

During the 70s the number of pupils at Weinbergschule rose to 1,100, making it necessary to open what is nowadays the Heinrich-von-Brentano-Schule as a secondary modern and junior high school. The growing population also made it necessary to build a new elementary school in the north-west of Hochheim: Astrid-Lindgren school was inaugurated in 1995. An absolutely natural sight in Hochheim is the physically handicapped pupils and occupants of Antoniushaus. This institution was opened in 1912, originally as a hostel for handicapped girls. Today it provides 412 places in a special school for handicapped persons, in the vocational schools, in the boarding school and in the hostel for adult persons.

The face of the town is changing: In the old part of the inner town many of the older houses have been renovated, modified and extended whilst preserving their historic character. The former malt factory was pulled down. In its place right in the centre of Hochheim the Seniorenheim (senior citizen centre) of EVIM (Protestant Association of Inner Mission) was set up. The building also houses a Citizens' Advice Bureau and a public underground car park.

In 2004 Hochheim celebrated „1250 years of documented existence" with many events and a festival week featuring as highlight a grandiose pageant proceeding through the town. Clubs, political parties, kindergartens, youth groups, churches etc. all joined in to demonstrate their attachment to their home town, a place that's good to live in.

Picture 1: This bronze mirror was discovered in 1932 when a vineyard was being cleared near Falkenberg, southeast of Hochheim. Only four other mirrors from this time exist in Europe.

Picture 2: In 1987 Frankish graves were found in the process of construction work near the railway station. Staff of the state office for historic buildings and monuments found bones and burial objects of a Frankish warrior (6th – 7th century AD).

Picture 3: Contemporary representation of the funeral procession of St. Boniface. The body was transported by ship from Cologne to Mainz and Hochheim and from there overland to Fulda.

Picture 4: This sign commemorates the former Jewish synagogue in Rathausstraße 59. It was destroyed during the Reich Progrom Night on 9 November 1938 when the last remaining Jewish citizens were driven out of the town.

Picture 5: Hochheim seen from Mainz. In the foreground Villa Burgeff built in 1841. In 1835 Johann Burgeff together with Ignatz Schweickardt established the first sparkling wine cellars.

Picture 6: A view of Hochheim from around 1845. Shipping on the Main and the train on the newly built railway line testify to the importance of the trade routes serving Hochheim.

Picture 7: In his description of the life of St. Sturm, the monk Eigil also mentioned the funeral procession of St. Boniface and made reference to the village of „Hochhheim" situated on the banks of the river Main.

Picture 8: Windows of the magistrates' court in Kirchgasse, built in 1911. Otto Schwabe, who later made a name for himself as a local historian, worked here as a judge.

Picture 9: Hochheim – the photo was taken in 1936.

L'histoire de Hochheim

En 754, dans la nuit des temps, le nom de Hochheim apparaît pour la première fois. Dans les écrits du moine Eigil décrivant la vie de Saint Sturmius, on trouve un rapport sur le cortège funèbre de St. Boniface allant de Mayence à Fulda, ainsi qu'une mention de Hochheim-sur-le-Main – le cortège devait y faire une halte. Mais des objets trouvés pendant des fouilles archéologiques indiquent que la région était déjà peuplée bien avant. On a découvert des vestiges d'une colonisation datant de l'époque du Rubané (5500–4900 av. J.C.) à Massenheim; des restes d'un lieu de colonisation de l'époque de la céramique pointillée (4900–4600) et des objets trouvés datant de la culture de Roessen (4600–4300). Dans des tombes d'incinération de l'âge de bronze (environ 1259-800 av. J.C.) on a mis au jour des récipients en céramique et des armes. Les Celtes ont laissé leurs traces – un récipient de la culture Kalenderberg datant de l'époque de Hallstatt (500 av. J.C.) et un miroir en bronze (4ᵉ siècle av. J.C.), l'objet trouvé le plus spectaculaire.

Pendant leurs conquêtes les Romains sont arrivés à Mayence et s'y sont installés pour longtemps. Des ponts traversant le Rhin ont été jetés et les terres de l'autre côté du fleuve ont été colonisées. Dans les environs de Hochheim on trouve des vestiges d'un grand nombre d'installations militaires et de fermes agricoles. Après avoir été chassés par les Alémaniques au 4ᵉ siècle après J.C. derrière la frontière rhénane, les Romains se sont d'abord installés dans la plaine du Main, suivis par les Franconiens au début du 7ᵉ siècle. Des tombes trouvées dans la ville et aussi à proximité du Main laissent penser à l'existence de colonisations franconiennes, la syllable finale „heim" dans le nom "Hochheim" l'indique.

Vers la fin du premier millénaire, Hochheim est propriété du chapitre cathédral de Cologne. On a connaissance d'un document de l'année 1273, indiquant que Hochheim (le village avec les gens et les droits, etc.) a été vendu au chapitre cathédral de Mayence pour la somme de 1150 marks, monnaie d'Aix-la-Chapelle.

A la fin du Moyen Âge toute une série d'institutions ecclésiastiques se trouve à Hochheim avec des propriétés comme p.ex. les couvents St. Stephan, St. Peter, le monastère Altmuenster, les Chevaliers de Malte et le Deutschorden (Ordre Allemand) – tous à Mayence – le monastère de Tiefenthal et d'Eberbach dans le Rheingau.

C'est uniquement en 1329 que les documents parlent d'une viticulture de grande envergure à Hochheim (l'année 817 est citée pour Massenheim), mais on peut imaginer que les Romains ont déjà instauré la viticulture dans cette region. Au 15ᵉ siècle, la surface viticole de Hochheim fut beaucoup plus importante, elle s'étendait également au nord et nord-est de Hochheim.

L'existence de marchés est étroitement liée avec le nom de Hochheim. En 1413 le marché est mentionné pour la première fois dans un document, en 1484 le droit de marché est attribué à Hochheim. En 1737, le chapitre cathédral de Mayence donne l'ordre de tenir deux marchés supplémentaires. Ainsi est fondée une tradition qui influence jusqu'à ce jour la vie de Hochheim. Des marchés avaient lieu devant les portes de la ville. Les gens faisaient du commerce et changeaient les biens. Aujourd'hui, le marché de Hochheim est encore un marché agricole et un terrain d'exposition, mais avant tout, il sert à la distraction de la population.

Pendant la Guerre de trente ans, différentes troupes d'occupation arrivent dans la petite ville sur le Main. La population de Hochheim doit effectuer des travaux de corvée et de fortification pour les troupes espagnoles, on raconte également le cantonnement de mercenaires de l'Empéreur. En 1631, les Suédois envahissent Hochheim et restent jusqu'en 1635. Avant l'occupation suédoise Hochheim compte environ 800 habitants.

Déjà en 1608, on mentionne pour la première fois les juifs à Hochheim, quand le prêtre local Georg Urban vocifère contre les habitants de la ville qui, "pendant la messe ont bu de l'eau-de-vie dans la maison du juif"... On présume que les juifs ont résidés à Hochheim bien avant cette date, probablement déjà pendant le 12ᵉ et 13ᵉ siècle. A cette époque, on trouve à Mayence et Worms des communautés juives importantes.

Dans le territoire de Kurmainz – comme partout – les juifs n'étaient pas autorisés d'acheter des propriétés foncières, n'avaient pas le droit de faire de l'agriculture, d'exercer un métier, ainsi, leurs activités étaient limitées à celles d'agents de change, de petits commerçants et de colporteurs. Hochheim faisait exception: beaucoup devenaient marchands de bestiaux et ont pratiqué l'abattage.

C'est uniquement en 1817 que les écoles confessionnelles furent abolies, les enfants juifs pouvaient aller aux écoles primaires. En 1848, les juifs ont reçu le droit de vote. L'égalité totale des juifs existait uniquement à partir de l'année 1869.

En 1666, la peste fait ravages à Hochheim. On déplore de grandes pertes. La commune voisine de Floersheim célèbre depuis cette date au mois d'août la journée „Verlobter Tag" comme remerciement que la peste a épargné la ville.

L'année 1730 voit la construction d'une nouvelle église, St. Pierre et Paul – sur les fondations d'une église plus ancienne qui avait beaucoup souffert pendant la période d'occupation au cours de la Guerre de trente ans. En 1775, l'intérieur de l'église est décoré. Le peintre de fresques Johann Baptist Enderle crée des scénes de la vie des deux apôtres Pierre et Paul et couvre le plafond de l'église.

Par le Recès de Ratisbonne de l'année 1803, la propriété et les droits de propriété de 22 évêchés, 80 abbayes, 18 universités et d'environ 200 couvents en Allemagne sont transférés aux états autonomes et ainsi, les évêchés catholiques allemands et les ordres religieux sont sécularisés et l'ordre médiéval de l'Eglise arrive à sa fin. Le règne des Princes électeurs de Mayence est terminé et les propriétés du territoire de Kurmainz se trouvant au nord du Main sont tranférées au Prince de Nassau-Usingen, élevé trois ans plus tard au rang de Duc. En 1832 Ignatz Schweickardt produit son premier vin mousseux. Ce jeune homme de Hochheim a appris la fabrication chez son parrain à Reims. Ensemble avec Johann Burgeff il fonde à Hochheim une entreprise de production de vin mousseux. Ainsi débute aussi à Hochheim l'époque de l'industrialisation.

Un autre évènement important a lieu en 1845: Au cours d'un voyage pour visiter des membres de sa famille à Coburg, la Reine anglaise Victoria, venant de Mayence, visite un vignoble à Hochheim pour se faire informer sur la viticulture. Plus tard, elle a autorisé le propriétaire Pabstmann de donner à ce vignoble son nom – donc Königin Victoria Berg (Montagne Reine Victoria). Du trajet du RER on voit très bien le monument d'une hauteur de 8 mètres, érigé dans le style anglo-gothique, inauguré lors du 25e anniversaire de la Reine d'Angleterre.

Avec des pas de géant on avance vers les temps modernes: en 1890, Hochheim appartient au canton de Wiesbaden. L'année 1892 voit l'inauguration d'un nouvel hôpital. En 1894, l'agrandissement de l'église protestante est terminé. En 1899 déjà, deux médecins se sont installés. Le premier jardin d'enfants (école maternelle) est inauguré. En 1905, l'approvisionnement en courant électrique est introduit.

Après l'assassinat de l'héritier au trône autrichien la première guerre mondiale commence en 1914. Après l'armistice, Hochhein voit le cantonnement des troupes françaises à la fin de l'année 1918.

Après la prise de pouvoir de Hitler en 1933, la vie à Hochheim subit également des changements. A vrai dire, on avait accepté la dissolution des partis avec sérénité. Comme dans beaucoup d'autres endroits, on ne se rendait probablement pas compte de la portée des évènements. En 1933, 25 juifs habitaient Hochheim. De plus en plus de juifs ont émigré, les derniers habitants juifs sont chassés après la soi-disant Reichskristallnacht (nuit de cristal) et la maison de prière est dévastée.

En 1940, l'hôpital est transformé en hôpital militaire. Des bombes détruisent des maisons en 1942 et 1944. En 1945, des troupes américaines arrivent dans la ville. L'année suivante, au cours de la dénazification, Hans Wagner devient bourgmestre. Peu à peu, les soldats partis pour la guerre rentrent, dans la mesure où ils n'ont pas perdu leur vie sur les champs de bataille en Europe (138), disparu (115) ou faits prisonniers de guerre (125). La misère noire règne, car il faut loger des réfugiés et des sinistrés par les bombardements. Après la guerre, Hochheim compte 4800 habitants – 2000 personnes déplacées et réfugiés cherchent une nouvelle patrie, et cela dans des conditions de logement à l'étroit. On se serre, mais pas toujours volontiers. En 1958, avec une grande volonté de recommencement, du zèle et aide entre voisins se construit le lotissement avec activité agricole supplémentaire située au Freiherr-vom-Stein-Ring, et déjà en 1956 des locataires s'installent dans le lotissement Land Hessen.

Après la guerre, la vie normale revient rapidement. Chacun essaie de surmonter les horreurs. Le Hochheimer Markt et la Fête du Vin ont lieu de nouveau.

De nouveaux quartiers se construisent, de plus en plus de personnes apprécient la situation privilégiée de Hochheim au coeur de la région Rhein-Main, bien rattachée aux réseaux de transport. Le nombre d'habitants passe de 6274 en 1959 à 9173 en 1965.

L'industrie s'installe, de grandes, petites et moyennes entreprises, des prestataires de services et l'artisanat sont un facteur économique qui donne son empreinte. Beaucoup de salariés travaillent dans les grandes villes voisines. Dans la deuxième moitié du 20e siècle Hochheim subit une métamorphose – un lieu caractérisé par l'agriculture devient une ville moderne avec une bonne infrastructure et une vie sociale caractérisée par l'idée de la communauté. On se rencontre au sein des associations, à l'église et au sport.

Le nombre d'élèves de l'école Weinberg augmente pendant les années 70 pour atteindre le chiffre de 1100, ainsi, on crée en 1972 l'actuelle école Heinrich-von-Brentano, école de fin de scolarité et collège avec cours préparatoires. Le nombre d'habitants grandissant nécessite la construction d'une école primaire supplémentaire située au nord-est – l'école Astrid Lindgren est inaugurée en 1995.

Les habitants et élèves handicapés de Antoniushaus font tout naturellement partie de la vie à Hochheim. Cette institution a été crée en 1912 comme foyer pour les filles handicapées. Aujourd'hui, on compte 412 places pour la rééducation dans l'école à éducation spécialisée, les écoles professionnelles, les internats et résidences pour les adultes.

L'aspect de la ville change: Dans la vieille ville, beaucoup de maisons ont été entretemps rénovées, modifiées et aggrandies sous l'aspect de classement comme monument historique. L'ancienne usine de malt a été démolie. En 1999 s'élève à sa place au milieu de Hochheim le centre pour les personnes du troisième âge (Institution de l'Association protestante de la Innere Mission – EVIM). Dans cet ensemble de bâtiments se trouve un bureau d'information pour les citoyens, ainsi qu'un garage souterrain ouvert au public.

En 2004, Hochheim célèbre „1250 ans de première mention" avec beaucoup de manifestations et une semaine de fêtes. Le point culminant est un cortège grandiose à travers toute la ville. Les associations, partis, écoles maternelles, groupes de jeunes et églises participent et montrent leur appréciation pour leur ville, une ville où il fait bon vivre.

Illustration 1: Le miroir en bronze a été trouvé en 1932 au cours de travaux d'arrachage dans une vigne au sud-est de la ville. Dans toute l'Europe existent uniquement quatre autres miroirs datant de cette époque.

Illustration 2: En 1987, pendant des travaux de construction près de la gare, on a découvert des tombes franconiennes. Des collaborateurs de l'administration régionale des monuments historiques y ont trouvé des parties de squelettes et des objets appartenant à un guerrier franconien (6e-7e siècle).

Illustration 3: Représentation de l'époque du cortège de St. Boniface. Le corps fut transporté en bateau de Cologne à Mayence et ensuite – par voie de terre – de Hochheim à Fulda.

Illustration 4: Cette plaque évoque l'ancienne maison de prière juive dans la Rathausstraße 59. Le 9 novembre 1938, pendant la „nuit de cristal", elle fut détruite et les derniers concitoyens juifs furent expulsés de la ville.

Illustration 5: Vue sur Hochheim de Mayence. Au permier plan la villa Burgeff, construite en 1841. Johann Burgeff et Ignatz Schweickardt ont fondé en 1835 la première usine de fabrication de vin mousseux.

Illustration 6: Vue de Hochheim aux alentours de 1845. Le transport fluvial sur le Main et le train sur le pont de chemin de fer construit peu de temps avant sont le témoignage de l'importance des voies commerciales.

Illustration 7: Dans sa description de la vie de St. Sturmius, le moine Eigil mentionne également le cortège de St. Boniface et cite le village „Hohheim" situé au bord du fleuve Main...

Illustration 8: Fenêtre de l'ancien tribunal d'instance dans la Kirchgasse, construit en 1911. A l'époque, Otto Schwabe travaillait ici comme juge. Plus tard, il faisait des recherches remarquables sur la géographie et la culture de la région.

Illustration 9: Hochheim – la photo fut prise en 1936.

 ANNÄHERUNG

Das Panorama der Altstadt krönt die weitgestreckten Rebhänge.
Beim ersten Blick wird die Bedeutung des Weinbaus deutlich.

The panorama of the old part of the town dominates the vast vineyards surrounding it.
A first glance already highlights the importance of wine-growing.

Le panorama de la vieille ville domine les vastes vignes qui l'entourent.
Un premier regard souligne déjà l'importance de la viticulture.

Die Skulptur der alttestamentlichen Kundschafter, die nur zu zweit eine einzige Traube tragen konnten, mag als Hinweis gelten auf den fruchtbaren Boden und die sonnenverwöhnten Hänge, denen Hochheim seine Bedeutung als Wein- und Sektstadt verdankt (rechts, Flörsheimer Straße). Links das imposante Anwesen des Domdechant Werner'schen Weinguts.

The sculpture representing the old biblical scouts, two of whom are needed to carry a single grape, may be interpreted as a reference to the fertile soils and sunny hills to which Hochheim owes its outstanding role as a place for wines and sparkling wines (on the right side: Floersheimer Straße). On the left the very impressive estate of Domdechant Werner'sches Weingut (Dean Werner Winery).

La sculpture des explorateurs du vieux testament qui devaient réunir leurs forces pour porter à deux une seule grappe de raisin, pourrait être interprétée comme indication pour l'existence des terres fertiles et des pentes ensoleillées, auxquelles Hochheim doit son importance comme ville de vin et de vin mousseux (à droite la Flörsheimer Straße). A gauche, le domaine viticole impressionnant de Domdechant Werner (Domaine viticole du Doyen Werner)

Hier atmet Geschichte

Beim Gang durch die engen Gassen sind sie heute noch zu hören, die mit Fässern beladenen Fuhrwerke, wie sie über das holprige Kopfsteinpflaster rattern.

When strolling through the narrow streets one can still hear the clatter of the horse-drawn carts laden with barrels that used to rattle over the bumpy cobblestones.

En se promenant dans les ruelles étroites, on a l'impression d'entendre encore aujourd'hui les charettes chargées de barriques qui roulent avec fracas sur le pavé inégal..

WILLKOMMEN

Die Fachwerkhäuser in der Altstadt sind liebevoll und detailgetreu restauriert. Aus der Zeit der Frankenbesiedlung ist diese Bauweise bekannt: um einen offenen Raum wurden rechtwinklig die Gebäude angeordnet – der fränkische Hof, abgeschlossen durch das große Eingangstor.

The timber-framed houses in the old part of the town have been renovated with great care and a love of detail. The architectural style dates back to the Frankish settlements: the inner courtyard – the Frankish court – is surrounded at right angles by buildings and closed by a huge entrance gate.

Les maisons à colombage dans la vielle ville ont été restaurées avec soin et amour du détail. Le style de l'architecture date du temps de la colonisation franconienne: autour d'un espace ouvert se regroupent les bâtiments en angle droit – la cour franconienne est fermée par la grande porte d'entrée.

1801
Grotta
PIZZERIA
LA GROTTA
Plan

Auf dem „Plan" – Platz, der Alt- und Neustadt verbindet – treffen fünf Straßen aufeinander. In seinem Zentrum steht die Madonna. Hier versammelten sich Hochheimer von altersher, um Segen zu erbitten für ihr Leben und ihre Arbeit. In den letzten Tagen des 2. Weltkriegs gelobten einige Frauen, jährlich eine Prozession als Dank für ihren Schutz (linke Seite).

On the „Plan" – a square connecting the old and the new part of the town – five streets converge. In its centre is the Madonna. At all times the people of Hochheim have assembled here to ask for benediction for their life and work. During the last days of World War Two, several women pledged to hold an annual procession to thank her for protecting them (left).

Cinq rues convergent sur la place „Plan" – reliant la vieille à la nouvelle ville. Au centre de cette place se trouve une statue de la Madonne. Depuis toujours, les habitants de Hochheim se sont rassemblés ici pour demander la bénédiction pour leur vie et leur travail. Dans les dernières journées de la deuxième guerre mondiale quelques femmes ont fait le voeu d'organiser chaque année une procession pour la remercier de sa protection (côté gauche).

LA BOTTE
THEIN
Dr. Daus
Lädchen
Weinhaus Müller

RATHAUS

In der Kernstadt sind Einkaufsmöglichkeiten, gastronomische Betriebe und die Stadtverwaltung (Rathaus, unten links) konzentriert und gut zu Fuß zu erreichen. Beim Blick in die Hofeinfahrten eröffnen sich malerische Details, wie (unten) das efeubewachsene Gebäude der ehemaligen Sektkellerei Carl Graeger in der Mainzer Straße.

The centre of the town features shopping facilities, restaurants and bars and the town administration building (town hall, lower part left) all within walking distance. A glance into the courtyards offers picturesque views such as (below) the ivy-clad building of the former sparkling wine cellars of Carl Graeger in Mainzer Straße.

Le centre de la ville offre des possibilités de faire du shopping, on y trouve des restaurants et l'administration municipale (hôtel de ville, en bas à gauche), tout à proximité et accessible à pied. Un regard dans les cours intérieures fait découvrir des détails pittoresques, comme (en bas) le bâtiment de l'ancienne cave à mousseux Carl Graeger dans la Mainzer Straße, recouvert de lierre.

4e

Einladende Kirchen

Hochheims Wahrzeichen, die katholische Pfarrkirche, erhebt sich malerisch über den Weinbergen. Im Innern erzählen spätbarocke Fresken von den Kirchenpatronen Petrus und Paulus.

Hochheim's famous landmark – the Catholic parish church – rises picturesquely above the vineyards. Inside the church, late Baroque frescoes narrate the lives of the church's patron saints Peter and Paul.

L'emblème fameux de Hochheim - l'église paroissiale catholique – occupe une position pittoresque au-dessus des vignes. A l'intérieur, des fresques de la fin du baroque racontent la vie des patrons de l'église, Saint Pierre et Saint Paul.

In hellen, duftigen Farben erstrahlen die Fresken des schwäbischen Malers Johann Baptist Enderle aus dem Jahr 1775 im Innern der Kirche. Eine grundlegende Restaurierung der Malereien fand in den Jahren 1998 bis 2005 statt – notwendig geworden durch starke Verschmutzung und Verölung nach einer Holzschutzbehandlung des Dachstuhls.

Inside the church, the frescoes of the Swabian painter Johann Baptist Enderle of 1775 shine in bright and airy colours. Extensive restoration work had to be carried out from 1998 to 2005 to remove all traces of the dirt and oil left behind by treatment to preserve the timber in the church roof.

A l'intérieur de l'église, les fresques de l'année 1775 du peintre souabe Johann Baptist Enderle rayonnent avec leurs couleurs claires et légères. Entre 1998 et 2005 les peintures ont été restaurées à fond – une nécessité absolue pour enlever les traces de saleté et d'huile après un traitement de protection de la charpente du toit de l'église.

Katholisches
Gemeindezentrum
St. Bonifatius

Die katholische Kirche St. Bonifatius mit dem Gemeindezentrum wurde im Jahr 1980 geweiht. Eine neue Pfarrei entstand, als die Neubaugebiete im Westen der Stadt erschlossen wurden. Das Glasfenster mit dem Motiv des Brotwunders der hl. Elisabeth (rechts) im Eingangsbereich stammt aus dem ehemaligen Hochheimer Krankenhaus (heute Rathaus).

The Catholic church of St. Bonifatius (Boniface) with its parish centre was consecrated in 1980. A new parish was established as new districts in the western part of the town developed. The glass window depicting St. Elisabeth's miracle of the roses (to the right) near the entrance comes from the former hospital of Hochheim (now the town-hall).

L'église catholique St. Boniface, comprenant le centre de paroisse, a été consacrée en 1980. Une nouvelle paroisse fut fondée quand de nouveaux quartiers ont été développés à l'ouest de la ville. Le vitrail avec le motif du miracle des roses de Sainte Elisabeth (à droite) dans l'entrée vient de l'ancien hôpital de Hochheim (aujourd'hui hôtel de ville).

Ihre Lebendigkeit und Offenheit beweist die evangelische Kirchengemeinde in vielfältigen Gottesdienstformen, im gemeindlichen Miteinander, aber auch als Kulturforum.

The Protestant parish demonstrates its liveliness and openness by celebrating different forms of service, in a rich community life and by serving as a cultural forum.

La paroisse protestante prouve sa vivacité et ouverture d'esprit en célébrant différentes formes de cultes, dans une vie paroissale riche, mais également comme forum culturel.

HOTEL

1849 entstand ein evangelisches „Bethaus“, Vorgänger der heutigen Kirche. Im Jahr 1995 wurde das klassische Kirchenschiff im Innern zu einem modernen Raum umgestaltet. Im Altarraum steht ein Treppenbogen aus der Installation „Himmelstreppen“ – wie der Altar eine Arbeit der Künstlerin Claudia Poeschmann. Zu Gottesdiensten und Konzerten erklingt die denkmalgeschützte Weigle-Orgel.

In 1849 a Protestant meeting and prayer centre was set up, the predecessor of today's church. In 1995 the classical nave was converted into a modern interior. The chancel features a stepped arch forming part of an installation named „stairs to heaven“ – which like the altar was designed by the artist Claudia Poeschmann. Its listed Weigle organ is played for services and concerts.

En 1849 fut construite une „maison de prière“ protestante qui a précédé l'église actuelle. En 1995, la nef classique de l'église fut transformée en une pièce moderne. Près de l'autel se trouve une arche d'escalier de l'installation „escaliers au ciel“, une oeuvre le l'artiste Claudia Poeschmann, également créatrice de l'autel. Pendant les cérémonies religieuses et les concerts retentissent les orgues classées Weigle.

Kirchliche Traditionen werden gepflegt: Die Prozession zu Fronleichnam lässt Menschen erfahren, dass sie gemeinsam unterwegs sind.

The church cultivates its traditions: with the Corpus Christi procession people can experience a feeling of togetherness.

L'église cultive ses traditions. La procession de la Fête-Dieu donne aux Chrétiens le sentiment de communauté.

Jung und Alt kommen beim evangelischen Gemeindefest zusammen: Kinder können ihre kreativen Kräfte entfalten, die Älteren knüpfen und pflegen Kontakte. Highlight des Festes ist das abwechslungsreiche Musik- und Kulturprogramm (links). Ein besonderer Festtag im katholischen Familienleben ist die Erstkommunion – traditionell am Weißen Sonntag (rechts).

Old and young come for the community party: children can practice their creative skills, the older establish and maintain contacts. Highlights of the event are a wide variety of different music and culture programmes (left). A special feast in Catholic family life is First Communion – traditionally celebrated on „White Sunday" (right).

La fête de la paroisse protestante réunit les jeunes et les vieux: les enfants peuvent déployer leur créativité, les personnes plus âgées nouent et entretiennent des contacts. Le programme musical et culturel varié constitue l'évènement majeur de la fête (à gauche). Dans la vie familiale catholique la Première Communion est une fête particulière, célébrée traditionnellement le jour du „Dimanche Blanc" (à droite).

Kinder

Kinder entdecken das Leben und ihre Kreativität – im Kindergarten, im Mütterzentrum „mamma mia“, bei den Ferienspielen.

Children discover life and their creative potential – in kindergarten, in the mothers' centre „mamma mia“ and during vacation games.

Les enfants découvrent la vie et leur créativité – à l'école maternelle, dans le centre des mères „mamma mia“, et aux jeux organisés pendant les vacances scolaires.

Der Hochheimer Abenteuerspielplatz im Regionalpark Rhein-Main an der Landstraße nach Delkenheim ist ein Paradies für Kinder mit attraktiven Spielmöglichkeiten: Klettern, Tunnelrutsche, Krähennest, Tarzanschwinger, Königinnenschaukel. Dazu gehört auch eine große Spiel- und Liegewiese.

Hochheim's adventure playground within the Rhein-Main Regional Park on the way to Delkenheim is a paradise for children, offering attractive activities: climbing, tunnel slides, a crow's nest, Tarzan swings and princess see-saws. It also includes a large play area and sunbathing lawn.

Le terrain de jeux d'aventures de Hochheim situé dans le parc régional Rhein-Main sur la route nationale vers Delkenheim est un paradis pour les enfants et leur offre des possibilités de jeu attrayantes: grimper, un tobbogan dans un tunnel, nid de corbeau, se balancer comme Tarzan, balançoire princesse. Il comprend également une grande pelouse qui invite au jeu ou au repos.

„Du bist anders, na und - das macht das Leben eben bunt" heißt es in einem Lied, das Kinder für ihre Freunde im Antoniushaus singen. Behinderte Kinder und Jugendliche besuchen hier die Schule und leben zusammen im angeschlossenen Internat.

„You're different, so what – it makes life so much more colourful" – that is part of a song that children sing for their friends in Antoniushaus where handicapped children and young people attend school and live together in the attached boarding school.

„Tu es différent, et alors - la vie a des couleurs plus vivies", ce sont les paroles d'une chanson que les enfants chantent pour leurs amis dans la Antoniushaus. Ici, des enfants et jeunes gens handicapés vont à l'école et vivent ensemble dans l'internat annexé.

ANTONIUSHAUS

1912 wurde das Antoniushaus zur beruflichen Bildung körperbehinderter Mädchen gegründet. Damals übernahmen Heiligenstädter Schulschwestern die Betreuung. Heute bietet es für Kinder, Jugendliche und Erwachsene mit Behinderungen fachliche Unterstützung, damit ihre Möglichkeiten erkannt werden und sie entsprechende Förderung erfahren.

In 1912 Antoniushaus was established as a vocational training centre for handicapped girls. In the early days, teaching sisters of the religious order of Heiligenstadt looked after the girls. Today the centre caters to handicapped children, young people and adults by assisting them to identify their potential and by providing corresponding possibilities for their development.

La Antoniushaus fut fondée en 1912 pour promouvoir la formation professionnelle de jeunes filles avec un handicap physique. A l'époque, des religieuses enseignantes de l'ordre de Heiligenstadt se sont occupées des filles. Aujourd'hui cette institution offre aux enfants, jeunes gens et adultes handicapés une aide professionnelle pour définir leurs capacités et leur fournir le soutien approprié.

Neben dem üblichen Schulpensum werden die Schüler in ihrer Kreativität und im Sport gefördert. In der Malerwerkstatt und den Kreativgruppen entstehen in Gemeinschaftsarbeit begehrte Kunstwerke, in der „Tonschmiede" werden Songs und Instrumentalstücke komponiert. Reiten, Kanufahren, aber auch Rollstuhl-Hockey bringen die Schüler in Bewegung.

In addition to their normal schooling, the students receive support to develop their creative and sports skills. In the painters' workshop and creative groups they jointly craft much sought-after works of art, in the „sound workshop" they compose songs and instrumental music. Horse-riding, canoeing and even wheelchair hockey keep the students fit and on the move.

En outre leur programme scolaire habituel, les élèves sont encouragés dans leur créativité et leurs activités sportives. Dans l'atelier de peinture et les groupes créatifs des oeuvres d'art très recherchées sont produites, dans la „forge des sons" on compose des chansons et des pièces musicales pour instruments. Les élèves s'entraînent en faisant du cheval, du canoë, mais également du hockey en chaise roulante.

Fitness, Spiele und Pokale

Ob Fußball, Handball oder Schwimmen, ob ambitionierter Sportler, Fitness-Freak oder Hobbyturner – man findet Gleichgesinnte in den Sportvereinen.

Whether you are a football player, handball player, a swimmer, an ambitious athlete, a gym-freak or a hobby gymnast – you will have no problem finding like-minded people in the local sports clubs.

Si vous jouez au football, au handball, si vous pratiquez la natation, si vous êtes un sportif ambitionné, un fanatique de fitness ou un gymnaste amateur – vous trouverez des âmes soeurs dans les associations sportives.

GER 4
GER 1

Wenn der Main zur Regattastrecke wird, bieten die geblähten Segel ein mediterranes Bild. Wassersportlich geht es auch im Hallenbad zu. Als das Bad aus wirtschaftlichen Gründen geschlossen werden sollte, engagierten sich die Bürger. Eine Genossenschaft ermöglicht nun, dass Kinder weiterhin hier Schwimmen lernen und Vereinsmitglieder ihr Training absolvieren können.

Whenever regattas are held on the river Main, the billowing sails create a touch of Mediterranean flair. But the indoor swimming pool too provides water sport facilities. When there were plans to close down the pool for financial reason, committed citizens formed a cooperative that ensures that children can still learn how to swim and club members can train.

Quand des régates se déroulent sur le Main, les voiles gonflées créent un flair méditerranéen. Mais on peut également pratiquer des sports aquatiques dans la piscine couverte. Quand la piscine devait fermer ses portes pour des raisons économiques, les citoyens ont fait preuve de grand engagement. Une coopérative donne la possibilité aux enfants d'apprendre à nager et aux membres des associations de s'entraîner.

Ballsport ganz groß: In zwei Vereinen wird Fußball, Volleyball, Handball, Basketball und Tischtennis gespielt. Gymnastik und Leichtathletik sind im Angebot. Sportlicher Höhepunkt in der Stadt ist alle drei Jahre der 24-Stunden-Lauf zugunsten der Schüler des Antoniushauses. Ob als Helfer, Sportler oder Zuschauer: Dieses große Ereignis bringt ganz Hochheim auf die Beine.

Ball games play a very important role: Two clubs offer football, volley ball, hand ball, basket ball and table tennis. There are also facilities for gymnastics and athletics. The sports highlight of the town is the tri-annual 24-hour-course for the benefit of the students of Antoniushaus. Whether as a helper, athlete or spectator: everyone in the town turns out for this great event.

Les sports de ballon jouent un très grand rôle: Dans deux associations on joue au football, volleyball, handball, basket-ball et tennis de table. Il y a des possibilités de gymnastique et d'athlétisme. L'évènement majeur sportif de la ville est la course des 24 heures au bénéfice des élèves de la Antoniushaus qui a lieu tous les trois ans. Tout Hochheim est présent et participe, en tant qu'aide bénévole, sportif ou spectateur.

Hochheimer Wein – Perle vom Main

Im angelsächsischen Sprachraum wird der weiße Rheinwein „Hock“ genannt, Hochheimer Wein bürgt von alters her für die hohe Qualität des Rieslings – bis heute.

In the English-speaking countries, white Rhine wine is known as „Hock“. Since time immemorial, Hochheim's wine has been a byword for top quality Rieslings – and this is still true today.

Dans les régions anglophones, le vin blanc du Rhin est appelé „Hock“, le vin de Hochheim est depuis des siècles le garant de la grande qualité du cépage Riesling – jusqu'á nos jours.

Mit mehr als 200 Hektar Rebfläche gehört Hochheim zu den großen Weinproduzenten im Rheingau. Vornehmlich wird Riesling angebaut (80 %), außerdem Spätburgunder, Kerner, Müller-Thurgau u.a. Die Weinlese beginnt im September. Die hohen Qualitäten werden von Hand gelesen, doch zur Hauptzeit knattern die Vollernter Tag und Nacht durch die Weinbergszeilen.

With more than 200 hectares of wine land, Hochheim is one of the large wine producers in the Rheingau region. The overwhelming grape variety cultivated here is Riesling (with 80 %) but also Pinot Noir, Kerner, Mueller-Thurgau and others. The grape harvest begins in September. The top qualities are hand-picked, but during the main harvesting season the harvesting machines clatter through the rows day and night.

Avec plus de 200 hectares de surface viticole, Hochheim fait partie des grands producteurs de vin du Rheingau. Le cépage le plus fréquent est le Riesling (80%), mais on produit également du Pinot Noir, Kerner, Müller-Thurgau etc. Les vendanges commencent au mois de septembre. Les qualités les plus nobles sont vendangées à la main, mais dans la période de pointe les machines de vendange passent jour et nuit bruyamment dans les rangées des vignobles.

Weingut Künstler

Weingut Dienst
Dorotheenhof

Straußwirtschaften und der Weinprobierstand sind beliebte Treffpunkte. Hier schenkt man edle Tropfen, aber auch einfache Halbe aus. Dazu werden deftige Winzervespern oder kulinarische Spezialitäten der regionalen Küche serviert. Die Hochheimer Winzer beteiligen sich an den Rheingauer Schlemmerwochen und öffnen ihre Keller für das Publikum.

Strausswirtschaften (seasonal wine taverns) and wine-tasting stalls are popular meeting points. They sell top-quality wines but also more simple varieties alongside solid vintner snacks or culinary regional specialities. Hochheim's wine-growers also participate in the Rheingau gourmet weeks and open their cellars to the general public.

Strausswirtschaften (tavernes de vin saisonales) et des stands de dégustation de vin sont des lieux de rencontre fort appréciés. Ici, on peut non seulement déguster des vins fins, mais également des variétés simples, tous accompagnés par des casse-croûtes rustiques et des spécialités culinaires de la cuisine régionale. Les vignerons de Hochheim participant aux manifestations des semaines gourmandes dans le Rheingau et ouvrent leurs caves au public.

Ausschank

Lokal
geöffnet
1709

KOENIGIN VICTORIA BERG
VICTORIA
Königin von Grossbritannien u. Irland
hatte die Gnade diesem Weinberge
Ihren hohen Namen zu verleihen
Der erhabenen Monarchin zu Ehren
und als dankbare Erinnerung an eine so
huldvolle Auszeichnung wurde dieser
Denkstein errichtet
von
G:M:Pabstmann.
Hochheim am 24 Mai 1854.

Die Weinmajestäten repräsentieren die Wein- und Sektstadt auf Festen und Veranstaltungen. Bereits im 18. Jahrhundert hatte der Hochheimer Wein im Ausland einen guten Ruf als „Hock“. So gut, dass die englische Königin Victoria 1845 während einer Deutschlandreise die Hochheimer Weinberge besuchte. Daran erinnert ein Denkmal in der Lage „Königin-Victoria-Berg“.

The wine 'royals' represent the town of wines and sparkling wines at festivals and other events. As far back as the 18th century, Hochheim's wine enjoyed a great reputation abroad as „hock“. It was so good that on her Germany trip in 1845 Queen Victoria wanted to visit Hochheim's vineyards. This is commemorated by a monument on the vineyard site „Koenigin-Victoria-Berg“.

Les majestés du vin se rendent aux fêtes et manifestations pour représenter la ville du vin et du vin mousseux. Au 18e siècle déjà, le vin de Hochheim, le „Hock“ avait une excellente réputation à l'étranger. Ce vin était si bon que, pendant un voyage en Allemagne en 1845, la Reine anglaise Victoria rendait visite aux vignobles de Hochheim. Un monument dans les côteaux „Königin-Victoria-Berg“ commémore cette visite.

Sektstadt: Namen wie Schweickardt, Burgeff, Hummel, Boller und Graeger schrieben einst die Geschichte des prickelnden Getränks für Hochheim. 1897 wurde hier ein Sechstel der deutschen Sektproduktion abgewickelt. Heute stehen Rüttelpulte nur noch im Weingut Johanneshof, wo in traditionellem Flaschengärverfahren Winzersekt hergestellt wird.

The town of sparkling wines: Names like Schweickardt, Burgeff, Hummel, Boller and Graeger once made the history of the sparkling and effervescent drink in Hochheim. In 1897 Hochheim's production still accounted for one sixth of the total production in Germany. Nowadays riddling racks are only found at the wine estate Johanneshof where they still produce a vintner sparkling wine according to the traditional in-bottle fermentation method.

Ville du vin mousseux: Jadis, des noms comme Schweickardt, Burgeff, Hummel, Boller et Graeger sont entrés dans l'histoire de la boisson pétillante de Hochheim. En 1897, un sixième du mousseux allemand était produit ici. Aujourd'hui, les pupitres de remuage se trouvent uniquement au domaine viticole Johanneshof qui produit un mousseux de vigneron selon la méthode traditionnelle de fermentation en bouteille.

Alt und Älter mitten im Leben

Kurze Wege, ein enges Netz von Beratung und Sicherheit – Hochheim ist ein gutes Pflaster für Senioren. Einen Blick über den Tellerrand bieten beispielsweise die Fahrten des Seniorenbeirats.

With short distances, and a tight network of counselling and care – Hochheim is an attractive place for senior citizens. The trips and excursions organised by the senior citizen council offer interesting opportunities to widen one's horizon.

Distances courtes, un réseau étroit de conseil et de sécurité – Hochheim est un endroit attrayant pour les personnes âgées. Le Conseil du Troisième ge organise des voyages qui offrent des possibilités intéressantes pour élargir l'horizon individuel.

Im Seniorenzentrum leben 61 Menschen und werden dort liebevoll umsorgt. Ein beschützender Wohnbereich bietet Demenzkranken Geborgenheit. Angehörige und Ehrenamtliche sind in die Betreuung und Erinnerungspflege eingebunden. Die zentrale Lage ermöglicht es den Bewohnern, auf kurzen Wegen am öffentlichen Leben teilzunehmen.

61 persons live in the senior citizen centre, where they are looked after with loving care. A section for assisted living gives dementia patients a sense of security. Family members and voluntary helpers are involved in minding them and helping with memory problems. The centre‘s central location allows its occupants to participate actively in daily life.

61 hommes et femmes vivent à la maison de retraite, entourés de soins attentifs. Un département de vie assistée donne aux malades atteints de démence un sentiment de sécurité. Les membres de la famille et des bénévoles participent aux soins et soutiennent les malades en cas de problèmes de mémoire. La situation centrale permet aux habitants de participer activement à la vie quotidienne.

Kultur ist nicht an Opernhäuser, Theater oder Museen gebunden. An unterschiedlichen Plätzen in der Stadt finden Konzerte statt, stellen Maler und Kunsthandwerker aus, lesen Autoren …

Culture is not limited to opera houses, theatres and museums. At various places in town, concerts take place,painters and artist-craftspeople exhibit their work and authors read from their books …

La culture n'est pas uniquement liée à l'opéra, au théâtre ou aux musées. Des concerts sont organisés dans différents quartiers de la ville, des peintres et artisans d'arts exposent, des auteurs lisent…

Bühne für Kunst und Kultur

Der bekannte Schriftsteller Rafik Schami verzaubert seine Zuhörerschaft mit orientalischer Erzählkunst. Die Kelterhalle der schön restaurierten ehemaligen Sektkellerei Falkenberg bietet eine wunderbare Kulisse für spannende Geschichten und Romane. Im Kreuzgewölbe des Anwesens findet jährlich im November die große Weinprobe der Hochheimer und Flörsheimer Winzer „Weinkultur pur“ statt.

The renowned author Rafik Schami enchants his audiences with the oriental art of story-telling. The press house of the beautifully restored former sparkling wine cellars Falkenberg provides an excellent setting for exciting stories and novels. Every year in November the cross vaults of the winery form the venue for the great wine-tasting event of Hochheim's and Floersheim's wine growers known under the title „Weinkultur pur“.

L'écrivain bien connu Rafik Schami enchante son public avec son talent de narrateur oriental. La salle des pressoirs de l'ancienne cave de mousseux Falkenberg – magnifiquement restaurée - offre une excellente coulisse pour des histoires pleines de suspens et romans. Tous les ans au mois de novembre la grande dégustation de vin, „Weinkultur pur” (culture pure du vin) organisée par les vignerons de Hochheim et de Floersheim a lieu dans la voûte croisée du domaine.

„Hochheim liest“, eine Woche mit Veranstaltungen und Aktionen rund um das Thema Lesen, fand 2008 zum ersten Mal statt – ein großer Erfolg mit vielen bekannten Jugendbuchautoren. Die Initiative „Lesen im Freien“ lädt in den Sommermonaten Literaturinteressierte in private Gärten ein, wo die Gastgeber ihre Lieblingsbücher vorstellen.

„Hochheim liest“ (Hochheim reads) denotes a week of events and action focusing on everything to do with reading. This event was organised for the first time in 2008 and became a great success involving many well known writers for young people. The campaign „reading outdoors“ invites people interested in literature to come during the summer months to private gardens where the hosts present their favourite books.

„Hochheim liest“(Hochheim lit), une semaine avec des manifestations et actions autour du sujet de la lecture avait lieu pour la première fois en 2008 – un grand succès avec beaucoup d’auteurs de livres pour les jeunes bien connus. L’initiative „lire en plein air“ invite pendant les mois d’été des personnes intéressées dans des jardins privés, où les hôtes présentent leurs livres préférés.

Vereins- und Kirchenchöre, Instrumentalensembles und ein Kammerorchester pflegen die Musik und begeistern die Hochheimer mit ihren Auftritten und Konzerten. Die Künstlerin Claudia Poeschmann arbeitet in ihrem Atelier in der Altstadt – mit Malerei, Skulpturen, Installationen und Glasfenstern hat sie sich einen Namen gemacht, weit über Hochheim hinaus.

Choral societies and church choirs, instrumental ensembles and chamber orchestras cultivate music and delight the local population with their performances and concerts. In her workshop in the downtown area of Hochheim, the artist Claudia Poeschmann paints, makes sculptures, installations and glass windows that have afforded her a reputation far beyond the boundaries of Hochheim.

Les choeurs des associations et paroisses, les ensembles de musique instrumentale et un orchestre de chambre cultivent la musique et enchantent les habitants de Hochheim avec leurs apparitions sur scène et concerts. L'artiste Claudia Poeschmann travaille dans son atelier situé dans la vielle ville – avec ses peintures, sculptures, installations et vitraux, elle s'est fait connaître bien au-delà de Hochheim.

In der alten Kelterhalle des vormals Papstmann'schen Anwesens betreibt Rosemarie Jäger seit 20 Jahren eine Galerie, die bundesweit zu den ersten Adressen für Kunsthandwerk, Schmuck und Textilkunst in zeitgenössischem Design zählt. Auch im wildromantischen Garten, hinter großen Mauern, haben die Kunstobjekte ihren Platz.

In the old press house of the former wine estate Papstmann, Rosemarie Jaeger has run her gallery during the last twenty years. It is one of the top names in Germany for arts and crafts, jewellery and textile art of modern design. The informal romantic garden behind its tall walls also serves as an exhibition venue.

Depuis plus de 20 ans, Rosemarie Jaeger tient une galérie dans la vieille salle des pressoirs de l'ancien domaine Papstmann, une des premières adresses en Allemagne pour l'artisanat d'art, les bijoux et l'art textile du stylisme moderne. On peut admirer les objets d'art également dans le jardin sauvage et romantique caché derrière de grands murs.

Die Hochheimer Kunstsammlung umfasst mehr als 400 Objekte zeitgenössischer Kunst. Sie ist eine Dauerleihgabe des Wiesbadener Sammlerehepaars Liane und Hermann Rosteck. Neben Werken von Picasso, Miró und Chagall finden sich Wolf Vostells „Vier andalusische Prinzipien“ (oben), „Der Kopf“ von Horst Anthes, eine Steinskulptur des gebürtigen Hochheimers Rudolf J. Kaltenbach und eine Fotoarbeit von Corinna Rosteck.

Hochheim‘s art collection comprises more than 400 contemporary art objects. It is a permanent loan made available by the collectors Liane and Hermann Rosteck, a couple from Wiesbaden. In addition to works of Picasso, Miró and Chagall, the collection includes Wolf Vostell‘s „Four Andalusian Principles“ (top), Horst Anthes‘ „The Head“, a stone sculpture by local artist Rudolf J. Kaltenbach and a photographic work of art by Corinna Rosteck.

La collection d’art de Hochheim comprend plus de 400 objets d’art contemporain. Elle est un prêt permanent des collectionneurs Liane et Hermann Rosteck de Wiesbaden. Outre des oeuvres de Picasso, Miró et Chagall on trouve les „Vier andalusische Prinzipien“ (quatre principes andalous) de Wolf Vostell (en haut), „Der Kopf“ (la tête) de Horst Anthes, une sculpture en pierre de Rudolf J. Kaltenbach né à Hochheim et un travail de photographie de Corinna Rosteck.

Handel und Wandel

Aus einem bäuerlich geprägten Gemeinwesen hat sich Hochheim zu einer modernen Stadt mit mittelständischem Gewerbe und Industrieansiedlungen entwickelt.

From a basically rural community Hochheim has developed into a modern town with a medium-sized trade and industry.

Après avoir été une communauté a caractère rural, Hochheim est devenue une ville moderne avec des PME et de l'industrie.

Tetra Pak, dessen deutsche Firmenzentrale in Hochheim beheimatet ist, war Vorreiter in der Herstellung hygienischer Kartonverpackungen für Milch und ist bis heute Marktführer. 90 Mitarbeiter zählt Braun & Company, Hersteller hochwertiger Produkte, wie Geschenkpapiere, Servietten, Kartonagen und Glückwunschkarten.

Tetra Pak, a company that pioneered the production of sterile milk cartons for which it is now the market leader, has its German headquarters in Hochheim. Braun & Company, manufacturer of top-grade products such as decorative wrapping paper, napkins, and greeting cards, employs 90 people.

Tetra Pak, dont le siège social allemand se trouve à Hochheim, fut le pionnier de la fabrication d'emballages en carton hygiéniques pour le lait et a gardé jusqu'à ce jour sa position de leader sur le marché. Braun & Company compte 90 collaborateurs. Cette entreprise fabrique des produits de qualité, comme papier-cadeau, serviettes, cartonnages et cartes de voeux.

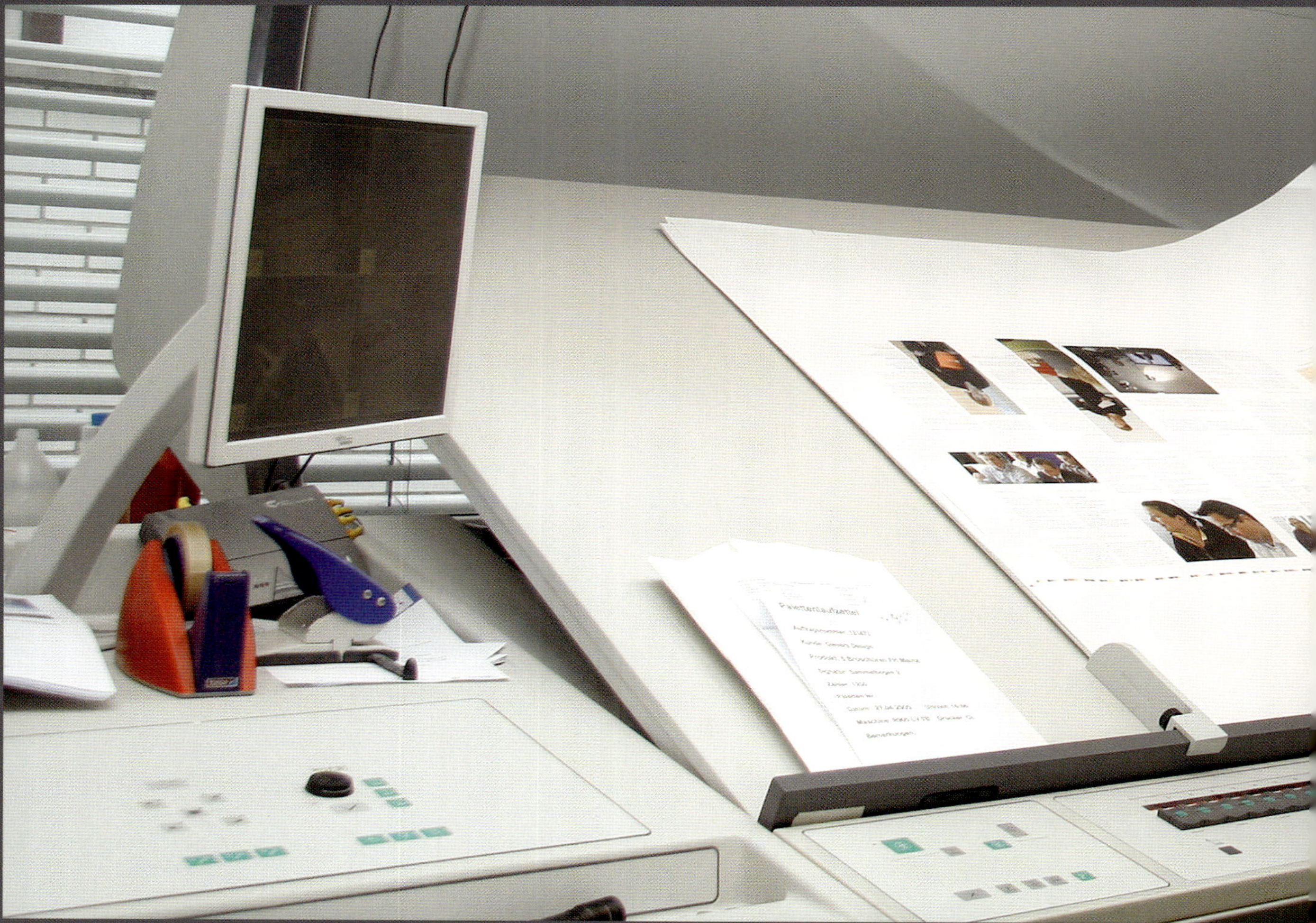

W.B. Druckerei
10

Von Inhaber Winfried Bender geführt, legt die WB-Druckerei besonderen Wert auf Qualität, Konstanz und die stetige Integration modernster Technik in die unterschiedlichen Fertigungsprozesse. 1988 gegründet, entwickelte sich das Unternehmen rasant und umfasst heute drei Büro- und Druckgebäude an seinem neuen Standort im Industriegebiet.

Under the management of its owner Winfried Bender, WB-Druckerei (printers) focuses on consistent quality and regular upgrading of is various production processes to the latest state of the art. The company was established in 1988 and rapidly developed into its current position with three office and printing buildings at a new site within the industrial park.

L'imprimerie WB, dirigée par son propriétaire Winfried Bender, met l'accent sur la qualité, la constance et l'intégraion permanente de la technique la plus moderne dans les différents procédés de fabrication. Fondée en 1988, l'entreprise s'est développée avec une vitesse vertigineuse et comprend à l'heure actuelle trois bâtiments administratifs et d'imprimerie situés sur son nouveau site dans la zone industrielle.

AP
AERO PUMP

Aero Pump wurde 1976 als unabhängiges Familienunternehmen gegründet. Der Schwerpunkt liegt auf der Entwicklung und Herstellung von Dosier- und Zerstäuberpumpen für Pharmazie, Kosmetik und Technik.

Aero Pump was established in 1976 as an independent family enterprise. Its main focus is on the development and manufacture of atomizer pumps and dispensers for pharmaceutical, cosmetic and technical applications.

Aero Pump fut fondé en 1976 comme entreprise familiale indépendante. Elle se concentre sur le développement et la fabrication de pompes de dosage et de pulvérisation pour le secteur pharmaceutique, cosmétique et technique.

Ein Leben ohne Feste ist kaum vorstellbar. „Noch vier Monate bis zum Markt. In sechs Wochen beginnt das Weinfest."
So teilt man das Jahr in Hochheim ein.

A life without parties and festivities is hardly fun. „Still four months to go until the market. In six weeks' time the wine festival will begin". That's how Hochheim's inhabitants divide their calendar.

Une vie sans fêtes est presque inimaginable. „Encore quatre mois jusqu'au début du marché. Dans six semaines commence la fête du vin." Ainsi, les habitants de Hochheim organisent leur agenda de l'année.

IN FEIERLAUNE

Wurst-Herby

Tradition seit mehr als 500 Jahren: Als größtes Fest seiner Art in der Region wird der Hochheimer Markt im November von mehr als 400 000 Besuchern frequentiert. Fünf Tage lang pulsiert das Leben auf dem Gelände am Weiher. Karussells, Fahrgeschäfte, Stände mit Bratwurst, Grünkohl, Wein und Glühwein, das große Festzelt – Alt und Jung finden gleichermaßen ihr Vergnügen.

A more than 500-year-old tradition: it is the largest festival of its kind in the whole region – Hochheim's annual market attracts more than 400,000 visitors every year in November. For five days there is high life on the site near the pond. Merry-go-rounds, fun rides, sausage stalls, cabbage stalls, wine and mulled wine, the large marquee – old and young enjoy themselves.

La tradition depuis plus de cinq siècles: Le Hochheimer Markt (marché de Hochheim) est la plus grande fête dans son genre dans la région et plus de 400 000 visiteurs s'y rendent au mois de novembre. Cinq jours d'animation intense sur le terrain près de l'étang. Des caroussels et autres attractions, des stands qui vendent de la saucisse grillée, du choux vert, du vin et du vin chaud, la grande tente – tout le monde et tous les âges s'amusent ensemble.

Die Markttradition in Hochheim wurde 1484 durch kaiserliches Privileg festgeschrieben. Im Mittelpunkt standen Verkauf und Kauf landwirtschaftlicher Produkte und Geräte und des Weins. Der Viehmarkt mit Leistungsschau und Prämierungen hat immer noch Bedeutung, doch heute ist es die bunte Mischung aus Krammarkt und Volksvergnügen, an der sich die Besucher freuen.

Hochheim's market rights were granted in 1484 as an imperial privilege. Its main purpose was to serve as a venue for the buying and selling of agricultural produce, implements and wine. The cattle market with its competitions and prize-giving ceremonies still plays an important role. But it is mainly the mix of motley retail stalls and popular entertainment that delights its visitors.

Les droits de marché furent accordés à Hochheim en 1484 par privilège impérial. Au centre d'intérêt se trouvaient la vente et l'achat de produits agricoles, d'outils et de vin. Le marché du bétail avec ses compétitions et remises de prix revêt toujours de l'importance, mais aujourd'hui, c'est le doux mélange de marché de bibelots et d'attractions populaires qui enchante les visiteurs.

Die Freiwillige Feuerwehr Hochheim hat ihre Aufgabe im Brand- und Katastrophenschutz. Ihr Leistungsspektrum zeigt sie beim Tag der offenen Tür. Doch gefeiert wird auch: Ball im Januar und Sommerfest im Juni (rechts). Zum Fest rund um den Eierbaum laden die Landfrauen zum Beginn des Frühlings ein und servieren selbst gebackene Kuchen und Torten (links).

Hochheim's volunteer fire-fighters are responsible for fire prevention and emergency services. The whole spectrum of their services can be seen on their traditional open day. But they also enjoy themselves: they have a ball in January and a summer party in June (right). For their party round the egg tree early in spring the country women invite the public and serve home-made cakes and gateaus (left).

La tâche des sapeurs-pompiers volontaires de Hochheim est la protection contre les incendies et les catastrophes. Ils montrent la gamme de leurs prestations lors de la journée de la porte ouverte. Mais on s'amuse aussi: Bal au mois de janvier et fête d'été en juin (à droite). Les fermières invitent au début du printemps à la danse autour de l'arbre des oeufs. Elles servent leurs gateaux et tartes maison (à gauche).

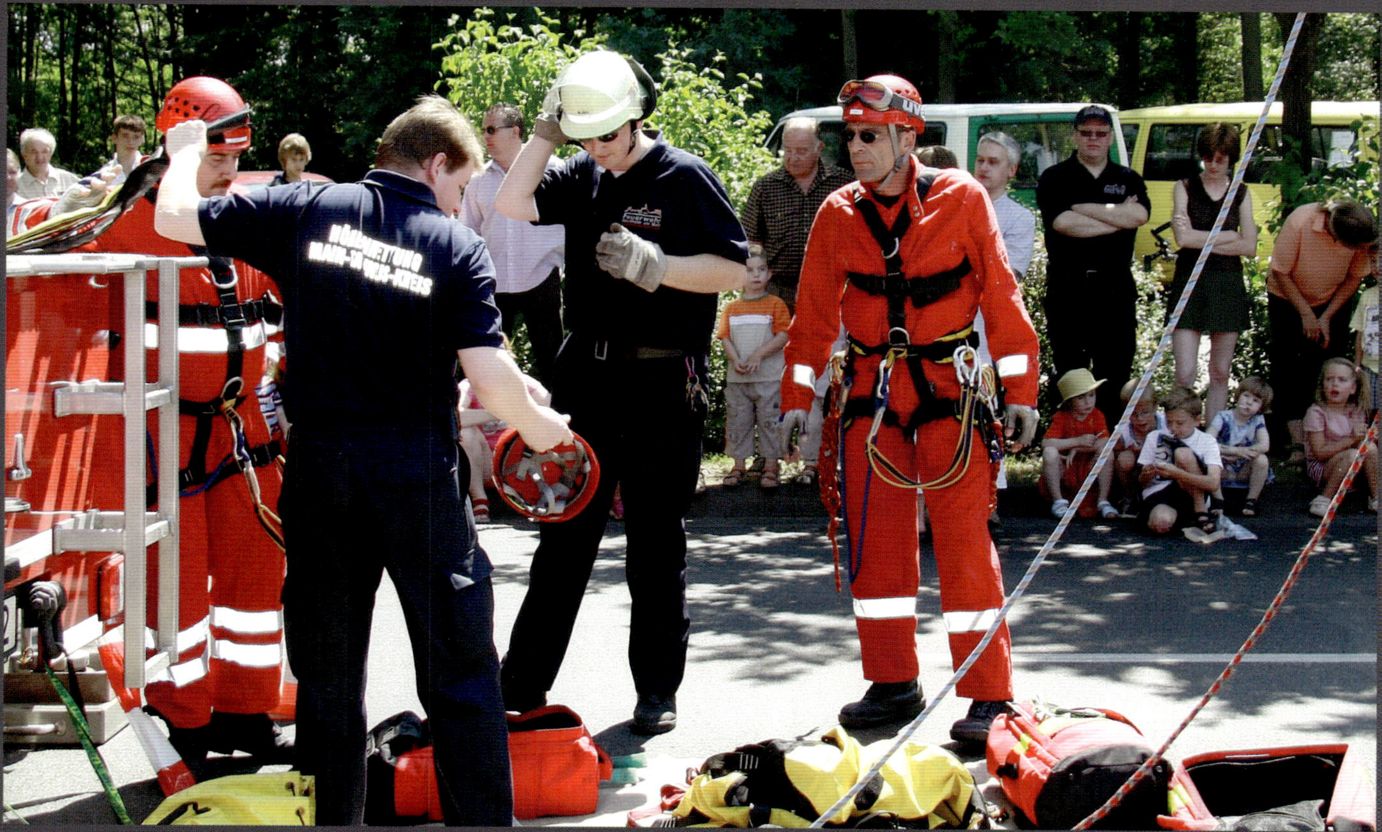

Bierbar
ERDINGER

GÖKALP
Feinkost

Zum Einkaufsvergnügen gehört auch das Schwätzchen an der Straßenecke. „Hast Du das schon gehört …? Und wie geht's dem Schambes?“

Part of the fun of shopping is stopping for a chat on the street corner. „Have you heard …? And how is so-and-so doing?“

Le petit bavardage au coin de la rue fait partie du plaisir de faire ses achats. „As-tu entendu déjà ….? Et comment va mon pote? “

SALE

TDK
AQUARIUA

Zwei verkaufsoffene Sonntage, die der Handwerker- und Gewerbeverein organisiert, ermöglichen den Bürgern einen entspannten Einkauf. Die Geschäfte präsentieren sich und ihre Angebote dann auch vor der Tür und laden zu besonderen Aktionen ein. Auf der Straße trifft man den Drehorgler, der für die Kinderkrebshilfe sammelt.

Thanks to the local association of trade and industry, the local population can shop at their leisure on two Sundays in the year. The shops use this opportunity to present their goods in front of the stores and invite shoppers to take advantage of special offers. In the street shoppers will meet the barrel organ man who collects money for a charity helping children with cancer.

Deux dimanches par an les magasins ouvrent leurs portes et grâce à l'organisation de l'association des artisans et commerçants, les citoyens de Hochheim peuvent y faire leurs achats dans une atmosphère détendue. Les magasins offrent leur marchandise également devant la porte et invitent la clientèle à profiter des actions spéciales. Dans la rue, on rencontre le joueur d'orgue de barbarie, qui fait la quête pour l'oeuvre de charité au profit des enfants atteints de cancer.

Samstags erledigen die Hochheimer ihre Einkäufe auch auf dem Marktplatz „Alte Malzfabrik". Käse, Fleisch, Brot, Gemüse, Eier, Obst und Blumen werden direkt vom Erzeuger angeboten. Schwere „Lasten" transportieren dann Vater und Sohn gemeinsam mit dem Handkarren. Der Eulenspiegel macht in der Weiherstraße auf die Buchhandlung gleichen Namens aufmerksam.

On Saturday Hochheimers shop on the market square „Alte Malzfabrik" (old malt factory). Cheeses, meat, bread, vegetables, eggs, fruit and flowers are offered directly by the producer. Heavier loads are conveyed home jointly by father and son in a handcart. In Weiherstraße a Till Eulenspiegel (a legendary figure of German folklore: Till Eulenspiegel's Merry Pranks) draws attention to a book store of the same name.

Le samedi, les citoyens de Hochheim font leurs achats aussi sur la place du marché „Alte Malzfabrik"(vieille usine de malt). Fromage, viande, pain, légumes, oeufs, fruits et fleurs sont vendus directement par le producteur. Père et fils transportent „des charges lourdes" ensemble dans une carriole. Till l'espiègle attire dans la Weiherstraße l'attention sur une librairie du même nom.

GER 204

Früher war der Main Handelsweg und Hochheim eine wichtige Landestelle. Heute ziehen vermehrt Segelschiffe und Schwäne ihre Runden in der Hochheimer Bucht.

In the past the river Main was a major trade route and Hochheim was a preferred stopping point. Today it is mainly sailing boats and swans that float around in Hochheim's bay.

Dans le passé, le Main fut une voie commerciale et Hochheim un débarcadère importante. Aujourd'hui, ce sont les voiliers et les cygnes qui naviguent dans la baie de Hochheim.

Beim Spaziergang in den Mainwiesen, auf gemütlicher Paddeltour oder beim Radfahren – das Ufergebiet und der Main bieten Naturerlebnis und Erholung. Der offizielle Main-Radweg trifft sich in Hochheim mit der Bonifatius-Route: ein Wanderweg, der von Mainz nach Fulda führt, auf den Spuren des Heiligen.

Strolling along the Main meadows, a relaxed canoe ride on the river or cycling along the shore – the river and its shoreline are an excellent place to relax and enjoy nature. In Hochheim the official Main cycling route intersects with the St. Boniface route: a hiking trail running from Mainz to Fulda on the trail of St. Boniface.

En se promenant dans les prairies du Main, faisant calmement un tour dans un kayak ou en vélo – la rive et le Main offrent la nature et le repos. La piste cyclable officielle qui longe le Main croise à Hochheim la route Boniface, un chemin de randonnée qui mène de Mayence à Fulda sur les traces du Saint.

Vier Schulen in Hochheim vermitteln das notwendige Rüstzeug: Weinbergschule, Astrid-Lindgren-Schule, Heinrich-von-Brentano-Schule und die Hessische Heilpraktikerschule.

Four schools prepare Hochheim's children for the future: Weinbergschule, Astrid-Lindgren-Schule, Heinrich-von-Brentano-Schule and Hesse's Naturophatic School.

Quatres écoles à Hochheim préparent les enfants pour l'avenir: les écoles Weinberg, Astrid-Lindgren, Heinrich-von-Brentano et l'école hessoise pour les praticiens de médecines parallèles.

WEINBERG
SCHULE

Seit 1550 besteht eine Schule in Hochheim, zu Anfang allerdings nur für die Jungen. Erst 200 Jahre später öffneten sich die Schultüren auch für Mädchen. In der Weinbergschule und seit 1995 in der Astrid-Lindgren-Schule verbringen Kinder ihre Grundschuljahre, lernen Lesen, Schreiben, Rechnen – singen, spielen und freuen sich auf die Pausen und die Ferien.

Hochheim has had a school ever since 1550, originally only for boys. It was not until 200 years later that it also opened its doors for girls. Weinbergschule and since 1995 also Astrid-Lindgren-Schule are primary schools where the local children learn reading, writing and arithmetic– where they sing, play and look forward to the next break or their holidays.

Depuis 1550 déjà, Hochheim avait une école, au début uniquement pour les garçons. Ce n'est que 200 ans plus tard que les portes de l'école se sont également ouvertes pour les filles. Dans l'école Weinberg et depuis 1995 dans l'école Astgrid-Lindgren les enfants passent les années d'enseignement primaire, apprennent à lire, écrire et calculer – chantent, jouent et attendent avec impatience les récréations et les vacances.

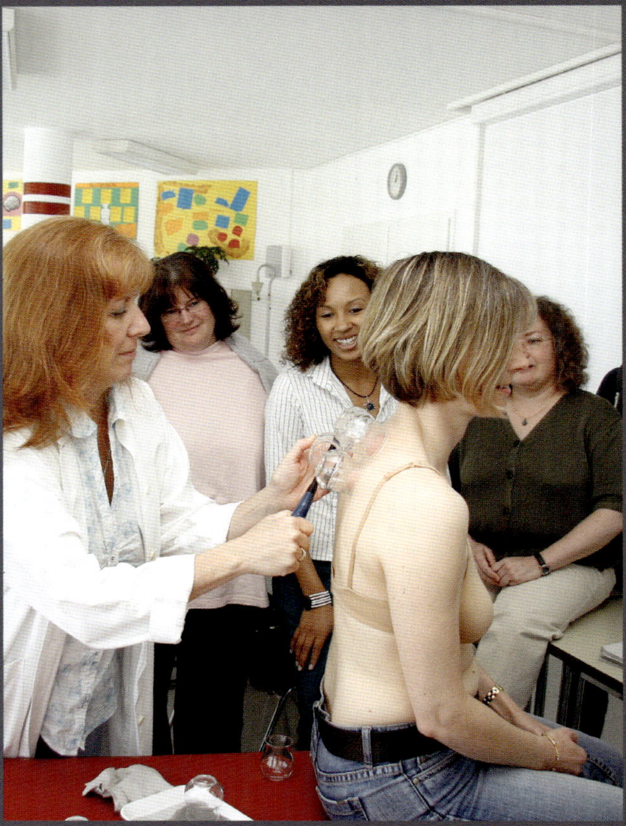

Als integrierte Gesamtschule bietet die Heinrich-von-Brentano-Schule Unterricht für die Jahrgangsstufen 5 bis 10. Möglichkeiten zur individuellen Förderung gibt es durch die pädagogische Mittagsbetreuung. Die Hessische Heilpraktikerschule Rhein-Main am Berliner Platz bildet die Schüler in drei Jahren in der Naturheilkunde zu Heilpraktikern aus.

As an integrated comprehensive school, Heinrich-von-Brentano-Schule holds classes for grades 5 to 10. The school also provides individual development supervised by qualified educational staff. The Hessian Naturopathic School Rhein-Main at Berliner Platz trains students within three years to become certified naturopaths.

L'école Heinrich-von-Brentano, regroupant collège et lycée, offre l'enseignement pour les classes 5 à 10. Des possibilités d'un développement individuel existent, du personnel pédagogique qualifié s'y consacre après les heures de classe. L'école hessoise pour les praticiens de médecines parallèles Rhein-Main, située à la Berliner Platz, forme des élèves dans un cycle d'études de trois ans.

Seit 1977 gehört das bis dahin selbstständige Dorf Massenheim zu Hochheim. Die evangelische Kirche stammt aus dem 16. Jahrhundert.

Since 1977 the formerly independent village of Massenheim has become a district of Hochheim. Its Protestant church was built in the 16th century.

Depuis 1977, le village Massenheim, indépendant dans le passé, fait partie de la ville de Hochheim. L'église protestante date du 16e siècle.

MASSENHEIM – STADTTEIL IM NORDOSTEN

erbaut 1573 AD 1984 renoviert

Massenheim wurde erstmals 819 erwähnt: Kaiser Ludwig der Fromme schenkte sein Krongut dem Kloster Fulda. Der Ort ist bis heute durch die Landwirtschaft und den Weinbau geprägt. Im gut erhaltenen alten Ortskern sind Schloss und Hofreite aus dem 16. bis 18. Jahrhundert besonders sehenswert. Massenheim zählt etwa 1700 Einwohner, Tendenz steigend.

Massenheim was first documented in 819. Emperor Louis the Pious donated his crown estate to the monastery of Fulda. Massenheim is still basically an agricultural and viticultural community. Of special interest in the well-preserved village centre are its castle and a farmstead from the 16th and 18th centuries. Massenheim currently has a population of 1,700 and is growing.

Massenheim a été mentionné pour la première fois en 819: L'empereur Ludwig der Fromme (Louis le Pieux) avait fait don de son domaine royal au monastère de Fulda. Jusqu'à nos jours, Massenheim est caractérisé par l'agriculture et la viticulture. Dans le centre bien conservé le château et un domaine agricole datant du 16e au 18e siècle sont spécialement intéressants. Massenheim compte environ 1700 habitants et leur nombre augmente.

Die Rhein-Main-Deponie steht seit ihrer Gründung für eine umweltschonende Abfallbeseitigung und für viele innovative Ideen.

Ever since its establishment, the Rhein-Main-Deponie (waste disposal site) has stood for environment-friendly waste disposal and innovative ideas.

Depuis sa fondation, la décharge publique Rhein-Main s'engage pour le dépôt d'ordures compatible avec l'environnement et développe un grand nombre d'idées innovatrices.

Auf der Deponie heißt das Thema „Wiederverwertung". Recyclinganlagen bereiten Bauschutt und Altholz auf, das Biomassekraftwerk ist Blickpunkt auf dem Gelände mit seiner Kletterwand. Es gibt eine Wertstoffsortieranlage, ein Biogaskraftwerk ist geplant. Vom Spannungsfeld „Abfall und Landschaft" zeugen Arbeiten verschiedener Künstler auf dem Gelände.

At the site the main focus is on recycling. Its facilities recycle building site rubble and scrap wood. One of its attractions is a biomass power station with a climbing wall. The site also includes a sorting plant for recyclable resources, and there are plans to build a biogas power plant. Various works of art on the site deal with and reflect the contrast between „waste and landscape".

Le leitmotif de la décharge est le „Recyclage". Des installations de recyclage traitent des gravats et du vieux bois, la centrale de biomasse attire les regards sur le terrain à cause de ses espaliers. Il existe une installation de tri des matériaux recyclables et une centrale de biogas est projetée. Les travaux de différents artistes sur le site témoignent et reflètent les contrasts entre „Déchets et Paysage".

Am Rand der Felder fließt beschaulich der Wickerbach in der Gemarkung Flörsheim. Von der beliebten Ausflugsgaststätte „Wiesenmühle" führt eine Treppe hoch zur Anna-Kapelle und weiter zur Flörsheimer Warte (Seite 137 unten).

Within the boundaries of Floersheim the Wickerbach stream runs peacefully along the fields. From the popular country inn „Wiesenmühle" a staircase leads the visitor to the St. Ann Chapel and further on to Floersheimer Warte (watch tower).

Le ruisseau Wickerbach coule paisiblement au bord des champs dans les environs de Floersheim. De l'auberge de campagne populaire „Wiesenmühle" un escalier mène à la Chapelle Ste. Anne et ensuite vers la Floersheimer Warte (mirador).

Danksagung

Wir danken allen, die uns mit ihrem Wissen und ihren Bildern unterstützt haben. Bei der Zusammenstellung des Buches wurde offensichtlich, dass kein Bildband Hochheim in all seinen Facetten gerecht werden kann. Wir mussten eine Auswahl treffen. Doch vielleicht gibt es ja eine Fortsetzung.

Annette Zwaack und Annemarie Schneider

Stichwortverzeichnis

Bildnachweis

Iris Schmitz, Hochheim
(www.fotografieschmitz.de)

außer

„1250 Jahre Hochheim am Main“, Lesebuch zur Hochheimer Geschichte	8 · 9 · 10 unten
Antoniushaus Hochheim	54 · 55 · 56 · 57 · 58
Hans-Karl Asel	36 · 37 unten
Dietmar Elsner	109 unten
Evangelische Kirchengemeinde	46
Dirk-André Krams	51 · 88 oben · 89 oben
Jürgen Kunert	90 · 108
Uli von Mengden	64 unten · 65 unten · 93 unten · 94 · 95
Claudia Poeschmann	43 oben · 91 oben
Karsten Schnebel	65 oben
Robert Suchy	64 oben
Annette Zwaack	37 oben · 38 oben · 39 oben · 43 · 44 · 45 · 50 · 109 oben

Iris Schmitz, waschechte Hochheimerin, hat nach ihrer Ausbildung zur Fotografin in verschiedenen Studios in Frankfurt am Main gearbeitet und war als freie Bildjournalistin unterwegs. 2005 eröffnete sie ihr eigens Fotostudio, natürlich in Hochheim.

www.fotografieschmitz.de

Annette Zwaack, Diplom-Soziologin, lebt seit 30 Jahren in Hochheim. Sie ist Redakteurin in der Hochheimer Zeitung und von daher mit allen Themen rund um die Stadt vertraut.